ジュニアで差がつく！魅せるフィギュアスケート

上達のポイント50

東京女子体育大学フィギュアスケート部元部長
大森芙美 監修

Figure Skating

はじめに

　本書は、スケートを楽しみ始めて、フォア滑走やバック滑走ができるようになった頃、「スケートをもう少し勉強したいな」と、思うスケーターのために作られた本です。

　スケート靴を履いて氷の上に立っても、自分の脚で氷を押さなければ滑走することはできません。ジャンプやスピンなど派手な技が目立ちますが、まずは滑る方法を学ぶことが大切です。滑走は奥が深く、沢山の技術がありますが、中でも、上達するためにもっとも大切なことは、ヒザを柔軟に使うことと、上半身を固定してひねりの運動を行うことです。各項目で、技の習得方法や注意点を紹介していますが、決して他人や物だけに頼らず、焦らずに、落ち着いて練習に取り組んでください。

　一つ一つ練習を積み重ねて技を習得すると、スケートの楽しさに魅せられ、やみつきになるのですが、ケガには十分注意してください。ケガ防止のためには、準備運動や柔軟・ストレッチングの運動を行うことを常日頃から心がけましょう。安全のため、手袋や帽子も忘れずに。

　スケートでただ一つの用具である靴は、足首がしっかりとフィットするものを着用してください。できればマイシューズを持つことをお勧めします。

　氷上を滑る爽快さは、他のスポーツでは味わうことができないほど素晴らしいものです。子どもから大人まで、それぞれ楽しむことができるスポーツですから、本書がスケートの楽しみを深める手助けとなれば幸いです。

大森 芙美

氷上の舞い スケーティング技術を磨き人々を魅了する

氷の上で美しく華麗に舞う観る者を魅了するフィギュアスケート。この世界に憧れ、自らスケーターとして日々練習に励む人に向け、ステップアップのための技術解説をしたのがこの本です。
初心者を抜け出して、より高いレベルの技が習得できるように、そのポイントを絞って解説しています。これらを意識して、繰り返し練習してください。
きっと、あなたの滑りにスピードと躍動感、そして美しさがプラスされるはずです。

美しく華麗に舞うコツを伝え、滑る楽しさを再確認!

フィギュアスケートが上達する最短距離

1. 出来ないことを知る
2. 知りたい動きのページを開く
3. ポイントを頭に入れる
4. 練習を繰り返して自分のものに!

本書の使い方

フィギュアスケートのテクニックが2ページごとの解説になっており、皆さんの知りたい習得したい項目を選んで、読み進めることができます。

各テクニックは、それぞれ重要な『ポイント』で構成され、わかりやすく解説しています。

ポイントが分かるから覚えやすい。覚えやすいから身につきやすい。ぜひ、フィギュアスケートの習得に役立ててください。

コレができる！
そのテクニックを習得するとどんな効果があるのか、何がわかるのかを示す。

本文
各項目の概要を紹介している。ポイントや方法をここで整理する。

効くツボ
テクニックのツボを表現している。この「ツボ」をおさえれば、理解がより深まる。

ポイント No.
50項目のテクニックを掲載。すべてを自分のものにして、レベルアップ。

ポイント No.12 ▶ ロッカー
腕をサークル上に残して進行方向を変える

コレができる！ 腰から下のひねりとエッジ操作を主導にして、素直なターンを可能にする

片足を一気に180度回転させてエッジを切り替える

ターンの前後で「S」字を描く。インからイン、またはアウトからアウトへ一気にエッジを変える。トレース（軌跡）では、カウンターとはターンのくびれが逆向きとなる。一時的にフラットや逆のエッジに乗ってしまうミスが多い。正しいエッジに乗るためには、**腰から下をひねる力をコントロール**しなければならない。最小限の遠心力でバランスを崩さずにターンをする、スケーティングレッグ、上体、フリーレッグの使い方を覚える。

ロッカー

効くツボ
1. 屈伸でエッジミスを防ぐ
2. 両腕をサークル上に残す
3. 両脚をつけて回転軸を細く

―― **タイトル**
具体的に解説したタイトルを見れば、身につけたいことが一目瞭然。知りたい動きから読み進める。

―― **効くツボ 1.2.3.**
その項目のポイントの詳細を分かりやすく掲載している。

スケーティングステップを磨く

効くツボ 1
ヒザの屈伸でカーブを描き、エッジミスを防ぐ

インからインへエッジを変えるとき、フラットなエッジからターンすると、アウトに倒れやすい。アウトに倒れた場合はスリーターンとなり、技として認められない。ターン前はスケーティングレッグのヒザをしっかりと曲げてカーブを深く描き、ターンのときには全身を引き上げる。

効くツボ 2
腕はリラックスさせ、サークル上へ水平に置く

両腕はターンの前も後もサークル上で氷面と水平に置く。下半身をしっかりとひねる分、上体を固定しなければならない。ただし、上体に必要以上の力が加わると、重心が引き上がって不安定になってしまう。腕は脱力し、肩をすくめたりしないように自然体を保つ。

効くツボ 3
フリーレッグはスケーティングレッグに付ける

ターンをするときは、フリーレッグのくるぶしをスケーティングレッグの足首やふくらはぎに付ける。フリーレッグが体の軸から離れると、遠心力を受けてフラフラしてしまい、方向の異なる回転が生まれるため、ターンがまとまらなくなる。回転軸は、なるべく細く保つ。

やってみよう　フォア&バックに組み込む
スピードとカーブを十分に使ったフォア&バックの中でターンを行ってみよう。より実戦的な感覚を磨くことができる。勢い任せでは安定感を欠く。いつでもターンができるようになろう。

できないときはここをチェック ☑
壁やフェンスにつかまったりして上体を固定する。まずはエッジの切り替えに必要となるひねり（ターン後に腰を開く感覚）を覚えること。

―― **Let's やってみよう**
掲載したテクニックを習得したら、さらなるレベルアップが図れる。是非、この内容にもチャレンジしてほしい。

―― **できないときはここをチェック**
掲載している通りやってみても、なかなか上手くいかない。そんなときは、ここを読んでみる。陥りやすいミスを指摘している。

Figure Skating 体の使い方

エッジとスケート靴

スケート靴 skates

靴の下の金具全体を「ブレード」と呼ぶ。つま先部分の下側でギザギザの形状となっているものを「トウ」(滑走に急ブレーキをかけ、ジャンプをするときに用いる)、カカトの先端にあたる部分を「ヒール」と呼ぶ。

ブレード / トウ / ヒール

エッジ edge

写真は足の外側（小指側）に倒している「アウトエッジ」。反対に倒すのが「インエッジ」。どちらにも傾けない場合は「フラットエッジ」と呼ぶ。

各パーツの基本

全　身

手 Hand
腕の末端部分であり、振り付けによって、細やかさや優雅さ、あるいはたくましさなどを表現する。

顔 Face
フィギュアスケートは競技性だけでなく演技性も競う。顔の表情は、腕や手と同様に表現には欠かせない要素となる。

フリーレッグ Free leg
片足滑走において、滑走を行わない脚。さまざまなポジションを取ることで滑走を優雅に見せる。また、回転のコントロールにも用いる。

腕 Arm
ジャンプやスピンでは体に引き付け、スパイラルなどでは大きく伸ばして全身のバランスをコントロールする。また、滑らかに動かすことで、振り付けでも大きな役割を果たす。

足 Foot
本書では足首から下を「足」と表示。スケート靴に隠れる部分だが、足の甲を伸ばすなど細部まで気を配る。足首から上を示す場合は「脚」と表示。また、回転のコントロールにも用いる。

スケーティングレッグ Skating leg
滑走している脚。ヒザを柔軟に使うことが大切。

ジュニアで差がつく！
魅せるフィギュアスケート上達のポイント50

はじめに……2

本書の使い方……4

体の使い方・各パーツの基本……6

PART 1 スケーティングとステップ、ターンを磨く

スケーティングの基礎を見直して安定を図る。
音楽に合わせて踊ることができるように、ステップやターンの技術を磨き抜く。

ポイント No.
01 曲げた後ろ足の一押しで
美しい姿勢を保つ……12

ポイント No.
02 イスに腰掛けるように
ヒザを曲げてスピードを出す……14

ポイント No.
03 フォアとバックの切り返しで
リンク全面を滑走する……16

ポイント No.
04 上体のコントロールで
急激なストップを可能にする……18

ポイント No.
05 片脚をスイングさせて
カーブを描く……20

ポイント No.
06 氷上に真っ直ぐ立って
土踏まずの前方で氷を押す……22

ポイント No.
07 上半身は固定させて
下半身はダブル3ターン……24

ポイント No.
08 お腹の筋肉を締める
コンパスの動き……26

ポイント No.
09 トウを氷に突き立てながら
滑るのではなく踊る……28

ポイント No.
10 左右で小さなカーブを描いて
イン・アウトを切り替える……30

ポイント No.
11 ひねりを生かすエッジ操作で
遠心力を必要最小限に留める……32

ポイント No.
12 腕をサークル上に残して
進行方向を変える……34

ポイント No.
13 ヒザの屈伸で重心を操って
焦らずに180度ターンを行う……36

ポイント No.
14 腹筋に力を入れて
重心を引き上げ移動しながら回る……38

ポイント No.
15 焦らずじっくり
自然な回転でターンする……40

CONTENTS

※本書は2008年発行の『華麗に舞う！ 魅せるフィギュアスケート 50のポイント』を元に加筆・修正を行ったものです。

PART 2 華麗なスパイラルで魅せる

フリーレッグを腰より高い位置でキープして滑走する。体全体をしなやかに使い、優雅な姿勢で観る人を魅了。体の柔軟性が高くなれば、難しいポジションにも挑戦だ。

ポイント No. 16 帆を張るように体を反って
片脚を90度以上上げる ……… 44

ポイント No. 17 両腕で回転力を制御して
軌道を外さずに脚を上げる ……… 46

ポイント No. 18 エッジの反動を利用して
スパイラルのままチェンジエッジ ……… 48

ポイント No. 19 お尻を締めてヒザを伸ばして
体を一直線に傾ける ……… 50

ポイント No. 20 ヒザの間隔を平行に保って
中間地点に重心を置く ……… 52

ポイント No. 21 上体を少し後ろに反って
足を横に高く上げる ……… 54

ポイント No. 22 腕・足を伸ばして
頭より高い位置まで足を上げる ……… 56

PART 3 多彩なスピンをマスター

ブレードの1点に重心を乗せて回転する。回転軸を細くまとめて、回転力を最大限に生かす。一つでも多くのバリエーションをマスターしよう。

ポイント No. 23 すき間をなくして
回転軸を細くまとめる ……… 60

ポイント No. 24 ヒザの伸びと振り足を合わせ
回転速度を加速する ……… 62

ポイント No. 25 フリーレッグを高く上げて
強い回転力を得る ……… 64

ポイント No. 26 非滑走足のヒザをすりおろして
最後まで回転力を保つ ……… 66

ポイント No. 27 フリーレッグの動きを止めて
回転力をコントロールする ……… 68

ポイント No. 28 腰を落として上体を倒し
顔を上げて姿勢を維持する ……… 70

ポイント No. 29 3点の回転順序をずらし
ひねりを生んで回転力を上げる ……… 72

ポイント No. 30 軸足から頭までを大きく
ダイナミックに後方へ反らす ……… 74

ポイント No. 31 軸足の我慢と押しで
回転力を落とさずに足を換える ……… 76

ポイント No. 32 ヒザの屈伸と上体のひねりで
回転速度を変えずに姿勢を変化 ……… 78

9

CONTENTS

PART 4 難解なジャンプを攻略

ジャンプは、もっとも見栄えのする派手な技だ。滑走から踏み切り体勢に入って跳び上がる。エッジ操作と体のひねりが成否のポイントを分ける。

ポイント No. 33 真上へ引き上げる踏み切りで
空中で体を締める感覚を覚える ……… 82

ポイント No. 34 片足で高く跳び上がり
回転後の着氷姿勢に入る ……… 84

ポイント No. 35 半身の姿勢で自然に半回転、
空中姿勢を作る余裕を持つ ……… 86

ポイント No. 36 トウをつく反発力に頼らず
真上へ跳んでコンパクトに回転 ……… 88

ポイント No. 37 踏み切りを限界まで待って
滑走カーブ上で回転する ……… 90

ポイント No. 38 十分なひねりで上へゆっくり
踏み切りを遅らせて回転力を増す ……… 92

ポイント No. 39 助走を軌道から外して
遠心力に負けず踏み切り足をおく ……… 94

ポイント No. 40 トウが離氷するのを待って
確実にアウトエッジで踏み切る ……… 96

ポイント No. 41 前方へ足を振り出して
体を巻きつけて回転する ……… 98

ポイント No. 42 一呼吸ついて焦らず待って
トウループ、ループへつなげる ……… 100

PART 5 美しさを支える陸上トレーニング

関節の可動域を広げて、しなやかさを身につける。また、ジャンプやスピンの回転をコントロールする、腕の使い方を陸上トレーニングで覚えよう。

ポイント No. 43 ブリッジの姿勢で
肩・腰・ヒザの柔軟性を鍛える ……… 104

ポイント No. 44 腰の力を抜いた前後開脚で
股関節の可動域を広げる ……… 106

ポイント No. 45 上体を締めた空中姿勢を取り
ジャンプの回転を想定して跳ぶ ……… 108

ポイント No. 46 ゴムバンドとイスを使って
足先や脚の引き上げ動作を強化 ……… 110

ポイント No. 47 筋肉の弛緩のギャップを作る
上体のうねり、ひねり、締め ……… 112

ポイント No. 48 腕の可動域と胴体動作を磨き
優雅でしなやかな動きを覚える ……… 114

ポイント No. 49 ヒザの可動域を広げて
伸ばし方や上げ方を身につける ……… 116

ポイント No. 50 立っているだけで美しい
バレエのポジションを身につける ……… 118

コラム

靴擦れを起こさないスケート靴の履き方 ……… 42

練習の妨げとなるマメを防ぐ ……… 58

練習から気をつける服・衣装の身だしなみ ……… 80

曲に合った雰囲気を表現するイメージトレーニング ……… 102

PART

①

自在な滑走を可能に

スケーティングとステップ、ターンを磨く

スケーティングの基礎を見直して安定を図る。
音楽に合わせて踊ることができるように、ステップやターンの技術を磨き抜く。

ポイント No. | フォア滑走
01 曲げた後ろ足の一押しで
美しい姿勢を保つ…12

ポイント No. | バック滑走
02 イスに腰掛けるように
ヒザを曲げてスピードを出す…14

ポイント No. | フォア&バック滑走
03 フォアとバックの切り返しで
リンク全面を滑走する…16

ポイント No. | ダンスストップ
04 上体のコントロールで
急激なストップを可能にする…18

ポイント No. | スイングロール
05 片脚をスイングさせて
カーブを描く…20

ポイント No. | スリーターン
06 氷上に真っ直ぐ立って
土踏まずの前方で氷を押す…22

ポイント No. | ダブルスリー
07 上半身は固定させて
下半身はダブル3ターン…24

ポイント No. | ピボット
08 お腹の筋肉を締める
コンパスの動き…26

ポイント No. | トウステップ
09 トウを氷に突き立てながら
滑るのではなく踊る…28

ポイント No. | チョクトウ
10 左右で小さなカーブを描いて
イン・アウトを切り替える…30

ポイント No. | ブラケット
11 ひねりを生かすエッジ操作で
遠心力を必要最小限に留める…32

ポイント No. | ロッカー
12 腕をサークル上に残して
進行方向を変える…34

ポイント No. | カウンター
13 ヒザの屈伸で重心を操って
焦らずに180度ターンを行う…36

ポイント No. | ツイズル
14 腹筋に力を入れて
重心を引き上げ移動しながら回る…38

ポイント No. | ループ(ターン)
15 焦らずじっくり
自然な回転でターンする…40

ポイント No.01 ▶ フォア滑走
曲げた後ろ足の一押しで美しい姿勢を保つ

> **コレができる!** 安定した滑走で体のラインを美しく見せ、振り付けに余裕が生まれる

見られることを意識したフォア滑走

両足のヒザをしっかりと曲げ、フリーレッグとなる後ろ足の**一押しでしっかりと長く重心を乗せられる**ように練習する。自由に緩急をつけられなければ、音楽に合わせて滑走をすることができない。また、他の技の習得も困難になる。

また、**美しく滑走する**ために、上体やフリーレッグにも意識を向ける。存在感を示すための上体の姿勢、足を長く美しく見せるためのフリーレッグの形、位置、ヒザの向きを覚える。

効くツボ
1. 両ヒザを曲げる
2. ヒザを外に向け45度
3. 背筋を締めて顔を上げる

スケーティングとステップ、ターンを磨く

効くツボ 1

氷を「蹴る」のでなく、フリーレッグで「押して」進む

スケーティングレッグのヒザをしっかりと曲げて、伸ばしながら滑走する。氷を「蹴って」進むのではなくフリーレッグで「押して」進む。スピードに乗ったり、ゆっくりと進んだり、緩急をつける。一押しで長く滑走することができれば、両腕や顔の動きに変化をつけることができる。

効くツボ 2

フリーレッグは後方45度に上げる

両ヒザをよく曲げ、後ろへ押し出したフリーレッグは、上体と一直線のラインを描くため、後方45度の高さに上げる。また、ヒザの凹凸を隠すため、観客にヒザを向ける。靴の中では足を伸ばし、つま先をヒザと同じ方向に向ける。「足を長く見せる」ことをしっかりと意識する。

効くツボ 3

上半身を起こし、視線を上げる

上半身は背筋を伸ばして胸を張る。ただし、姿勢がよいだけでは、美しさを表現することはできない。顔を上げて、視線は進行方向へ向ける。慣れたら、スケーティングレッグと反対の腕を下から前を通して上げ、一方の手を氷面と水平に保つ。一カ所に意識をとらわれず、体全体を使って表現する。

やってみよう
クロス滑走を織り交ぜる

ストレートの滑走をマスターしたら、カーブ上を滑走するために両ヒザを柔らかく使って、クロス滑走を行う。左右の方向にクロス滑走できるように練習しよう。

できないときはここをチェック ✓

怖がってスピードに乗らないと、かえってバランスを失いやすい。上級者に手を引いてもらいながら、片足滑走の感触を覚える。

13

ポイント No.02 ▶ バック滑走

イスに腰掛けるように ヒザを曲げてスピードを出す

> 💡 **コレができる!** スピンやジャンプの準備動作を安定させるためのバック滑走を覚える

安定して加速できるバック滑走をマスターする

バックスケーティングは、進行方向が見づらいため、バランスを失いやすい。恐怖心が生まれ、フォアよりも足元を見てしまいがち。**思い切ってヒザを曲げ、腰を落として**倒れないように重心を乗せる位置を覚える。また、バック滑走はスピンやジャンプの準備動作となる。バランスを崩さずに美しさを保つだけでなく、足にかける**重心と体全体の軸を一つにまとめ**、ストレートでも、カーブを描くクロスでも、安定して加速できるまで練習する。

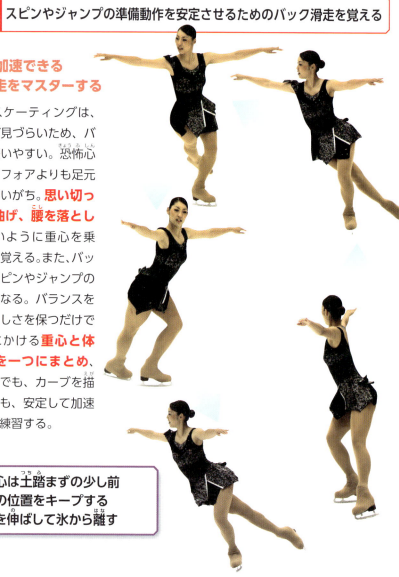

効くツボ
1. 重心は土踏まずの少し前
2. 腰の位置をキープする
3. 脚を伸ばして氷から離す

スケーティングとステップ、ターンを磨く

効くツボ 1

土踏まずのやや前方に重心を乗せる

ス ケーティングレッグの重心は、土踏まずのやや前方に乗せる。怖がって視線が下を向いてしまうと、重心がトウにかかり、スピードを出すことができない。また、上体は起こすが、背筋を伸ばすことに気を取られ過ぎても、カカトに重心が乗って転倒しかねないので注意する。

効くツボ 2

腰の位置と体軸は動かさない

左 右の足に重心を乗り換えても、腰の位置は常に同じ高さを保つ。カーブでのクロス滑走では、進路となるカーブの内側の足のアウトサイドエッジに重心を乗せる。後方に視線を向けるときは、のぞき込むように首や顔だけを向けてはいけない。体の軸を保つため、上体ごとひねる。

効くツボ 3

ヒザは腰掛け姿勢からボウリングのフォロースルーへ

ス ケーティングレッグは、イスに腰掛けるようにヒザをしっかりと曲げる。足を乗り換えてフリーレッグへと移るときは、蹴り上げずに氷を押して、スッと氷から離すように伸ばす。カーブを描いていくクロス滑走では、ボウリングの後ろ足をイメージして、横へスライドさせる。

やってみよう
ハイスピードに慣れる

バックの滑走を覚えたら、できる限りスピードを出してリンクを回ってみよう。また、スピンやジャンプの準備動作をイメージして、安定したバック滑走を身につけよう。

できないときはここをチェック ☑

恐怖心によって、力み過ぎて肩が上がる。あるいは、前かがみになると、トウが氷にかかり、後方に進まなくなってしまうので注意する。

ポイント No.03 ▶ フォア＆バック滑走

フォアとバックの切り返しで リンク全面を滑走する

> **コレができる！** フォアとバックを切り替えながらリンク全面を使い、技の切り替え動作を覚える

フォア＆バックでリンク全体に「ひょうたん」を描く

トップスケーターが試合直前の練習などでウォーミングアップに行うのが、フォアとバックの切り返しを繰り返す滑走。**リンク全体を大きく使い、ひょうたん型の輪郭を描く**。エッジを深く倒して大きなカーブを描き、スピンやジャンプへの準備動作を意識して十分に加速する。

練習時には、習得したステップやターン、上半身の振り付けを取り入れる。技の切り替えが必要となり、より**実戦に近い状況で技をマスター**できる。

効くツボ
1. リンク全体を滑走する
2. ステップを組み込む
3. 滑走足側の腕を上げる

スケーティングとステップ、ターンを磨く

効くツボ 1

リンクの端から中央まで大きなカーブを描く

リンクの端から中央まで、ひょうたん型をリンク全体に描く。一つの大きな楕円を描きがちだが、フォアからバックをモホーク（バック滑走への切り替え）で切り替えつつ、リンク中央までしっかりと寄って「くびれ」を作る。エッジを深く倒してカーブを上手に使う。

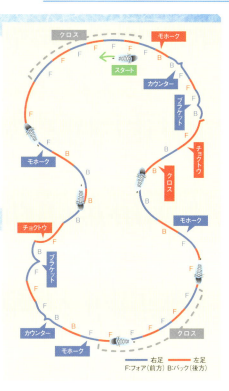

効くツボ 2

ステップを組み込む

ひょうたん型の滑走を保ちながら、ステップを組み込む。右図では、モホークでバッククロスに入り、チョクトウ、ブラケット、カウンターと三つの要素を挟んで、フォアへとつないでいる。ひょうたんの輪郭を保ちながら行うことで、スピードとカーブを生かした実戦的な練習ができる。

効くツボ 3

重心の移動と同時にスケーティングレッグ側の腕を上げる

カーブを描くクロス滑走のときは、両腕を水平に伸ばして全体のバランスを取る。フォアクロスからモホークに移る直前に、スケーティングレッグ側の手を滑らかな動きで下から前を通して上げ、足の重心の切り替えと同時に腕を再び水平に戻す。

やってみよう
振りをつける
フォア＆バックで描くひょうたん型は、多くの要素を取り入れることができる。ステップやターンを織り交ぜて滑走し、慣れたら簡単な振りをつけてみよう。

できないときはここをチェック ☑
モホークは、カーブに沿ってフォアとバックの方向転換をするステップ。はじめはフェンスに捕まって、上体を固定して練習してみる。

17

ポイント No.04 ▶ ダンスストップ
上体のコントロールで急激なストップを可能にする

コレができる! ストップまでの滑走スピードを調整し、体の前後へのぶれを防ぐ

上体とフリーレッグの操作で止まりやすい姿勢を作る

演技に緩急を付けるために欠かせないのが、ストップの技術。ここでは代表的なT字ストップ（ダンスストップ）を取り上げる。滑走から静止までの**スピードは、エッジの倒し方で調整**する。急に止まる場合は深く、ゆっくりと止まる場合は浅く倒す。**体の軸が前後や左右にぶれない**ように、左右のバランスを保つ。無理に止まって上体がノッキングを起こしたり、止まりきれずに体が回転しないように注意する。

効くツボ
1. 重心を前足に移行する
2. 腕で胴体の回転を止める
3. ヒザの間隔を詰める

スケーティングとステップ、ターンを磨く

効くツボ 1

視線を落とさずに重心を前方へ

上体は前傾させず、重心を前に移行する。重心を前方へ移してから後方へ戻すと、ゆるやかなストップをするときに軸のぶれが目立つ。急なストップでは、お尻が突き出て前のめりになってしまう。視線は5メートル先を見る。顔が下を向いてしまうと、上体が前傾しがちになる。

効くツボ 2

両腕で胴体の回転を止める

ブレーキ動作によって生まれる下半身の回転を抑えるため、左足滑走からのストップでは、左手を前方、右手を真横に置く。慣れたら、片手を上方へ上げる。あるいは両手を水平に伸ばす。素早いストップ、ゆっくりとしたストップと使い分け、タイミングを合わせて手を動かす。

効くツボ 3

両ヒザをすらせて氷を削る

前足となるスケーティングレッグのヒザを曲げ、フリーレッグを後方からスケーティングレッグにすらせる。スケーティングレッグは、ヒザを伸ばしながらフリーレッグを前方にスライドして、ヒザを曲げる。同時にフリーレッグはヒザを伸ばしてアウトエッジで止める。

やってみよう
音楽に合わせて止まる

止まるまでのスピード調整ができるようになったら、曲の終わりに合わせて止めてみよう。曲との一体感が生まれれば、ストップによる静・動の差は、より大きく伝わる。

できないときはここをチェック ☑

はじめは、フリーレッグをスライドさせず、前脚のヒザを曲げたまま滑走し、後ろ足は氷を削りながら引きずる「ランジ」を練習する。

19

ポイント No.05 ▶ スイングロール
片脚をスイングさせてカーブを描く

> **コレができる!** フリーレッグの使い方でバランスをコントロールする感覚を覚える

力まないスイングで美しい振り子を描く

スケーティングレッグで半円を描き、円の頂点でフリーレッグを振り子のようにスイングさせる。振る動作に**力を入れすぎると、美しさを欠く**。また、しっかりとエッジに重心を乗せないと、トレース（軌跡）がゆがむ。体の軸がぶれるのを恐れて上体が力むと、重心が高くなってしまい、不安定になる。スケーティングレッグのヒザを曲げ伸ばしすることが重要。つま先、ヒザの向き、振り方を正しく身に付ける。

効くツボ
1. 反動をつけない
2. つま先を外へ向ける
3. 前後の振り幅を均等に保つ

スケーティングとステップ、ターンを磨く

効くツボ 1

フォア滑走が基本、スイングを意識しすぎない

ま ず、フォアスケーティングの姿勢でスタート。スイングすることを意識し過ぎて、フリーレッグを後方に振り上げて反動をつけない。次に、スケーティングレッグにしっかりと重心を乗せて、伸ばしたフリーレッグをスケーティングレッグのヒザのそばを通して前方へ振り出す。

効くツボ 2

フリーレッグのつま先は外へ向ける

フ リーレッグは、ヒザと同様につま先を少し外へ向け、内側の土踏まずから前へ振り出す。スケーティングレッグのヒザが伸びきったときに、フリーレッグがすぐ横を通過する。つま先を前に向けたまま振ってしまうと、エッジが氷に刺さってスイングすることができない。

効くツボ 3

振り幅とスピードを均一にする

フ リーレッグは脚を振る前と後の高さをそろえる。スケーティングレッグを軸として振り幅を均等にし、同じテンポで振る。振り上げたあとは、同じトレース（軌跡）でスムーズに戻してスケーティングレッグに添える。慣れたら、スケーティングレッグを交互に変えて対称な半円を描く。

やってみよう
スリーターンにつなげる
スイングロールで後ろに振り上げた足をスケーティングレッグにそろえると同時に、ほかの技につなげる。たとえば、スリーターン、スイングロール、スリーターンと繰り返してみよう。

できないときはここをチェック ☑
上級者に手を引いてもらいながら滑ってみる。上半身に無駄な力が入っていないか、上体を振り回していないか、チェックする。

21

ポイント No.06 ▶ スリーターン

氷上に真っ直ぐ立って土踏まずの前方で氷を押す

コレができる！ 上半身と下半身のひねりを利用して、等速度、等間隔で美しく「3」を描く

上体を固定して下半身のひねりで行うターンの基礎

数字の「3」を描くターンで、前方から後方へ、後方から前方へ向きを変える。インサイドエッジ、またはアウトサイドエッジから始める。腰のひねり戻しが技の基本となる。ヒザを柔らかく使い、上半身は動かさずにスリーターンを連続するだけでも優雅なスケーティングが楽しめる。最も基本となる方向転換であり、ジャンプへの導入としても大切な技となる。また、技と技をつなぐ役目を果たすケースも多い。

効くツボ
1. 氷上に片足で直立する
2. 上半身はしっかりと固定
3. 腰から下をひねってターン

スケーティングとステップ、ターンを磨く

効くツボ 1

スケーティングレッグに
フリーレッグを添える

氷上に片足で真っ直ぐ立ち、フリーレッグの土踏まずのやや後方で氷をしっかりと押して滑走する。進行方向となる円上に両腕を置き、腰を円のカーブの内側にひねって回転させる。回転後は重心を土踏まずのやや後方に移す。ターンをするときは両脚をそろえた状態で行うのが美しい。

効くツボ 2

ヒザを伸ばして氷を押す

ターンは、スケーティングレッグのヒザが伸びた状態で行う。しかし、「3」のくびれ部分前後ではわずかにヒザを曲げて、アップダウンを行い、一つ目の半円を描いてきたのと同じ力で氷を押すことが大事。力の加減をそろえ、ターン前後に描く二つの半円を同じ速度で滑走する。

効くツボ 3

早めにターンへ
移行するイメージ

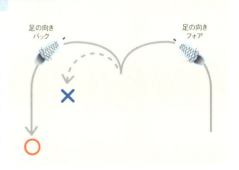

二つの半円を均等に描く。ターンの動作に移ろうと意識してから、実際に動くまでに時間差が生まれ、一つ目の半円よりも、二つ目の半円が小さくなってしまうことが多い。余裕を持って、やや早めにターンの動作へ移行するイメージを持つ。大きな半円の頂点でターンを行うとよい。

やってみよう
足を踏み換える

スリーターンをマスターしたら、足の踏み換えを入れて、左足のスリーターン、右足のスリーターンと連続して円上で滑走してみよう。ヒザの曲げ伸ばしを大きく使うように心がける。

できないときはここをチェック ☑

上体を壁に向けて、練習してみよう。壁につかまることで上半身と腕をしっかりとキープし、回転軸が真っ直ぐな状態で氷を押す。

23

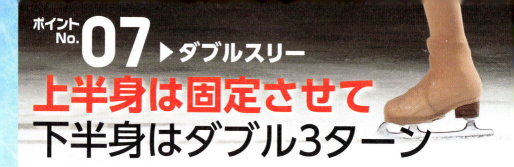

ポイント No.07 ▶ ダブルスリー
上半身は固定させて下半身はダブル3ターン

 コレができる! 必要最小限の回転力でターンする感覚を覚えて、美しいカーブを描く

上半身で遠心力をコントロールする連続ターン

途中で足を換えることなく、スリーターンを連続して行う技。フリーレッグを上げたまま下半身を回転させるため、体の軸がぶれやすく、ターンによって描くカーブが乱れやすい。また、ターンでスピードを失うようだと、二つ目のターンが乱れてしまう。スリーターンよりもスピードが必要となるが、**回転の惰性をいかにコントロールできるか**が重要。遠心力に負けずに上体の姿勢をキープし、安定感のある姿勢で美しいカーブを描く。

 効くツボ
1. 3等分区間で2回ターン
2. 両腕を半円上にキープ
3. 非滑走足を滑走足につける

スケーティングとステップ、ターンを磨く

効くツボ 1

ひねったあとは体を固定する

半円を3等分した二つの区切りでターンを行う。いずれの区間も速度や距離を変えない。一つ目のターンから二つ目のターンへの移行では、腰から下をひねり戻した後、体を固定する。勢いに流されて体をひねり続けると、遠心力に負け、半円のトレース（軌跡）から外れてしまう。

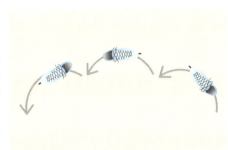

効くツボ 2

上体を固定して下半身をひねる

両腕を半円上に置き、上体が円上から外れないようにキープする。スピードが不足すると、上体をひねりがちになるので注意。腕や肩を動かさずに上体を固定し、腰から下のひねり戻しでターンを行う。上体は、あたかもターンをしていないように見えるのが美しい。

効くツボ 3

フリーレッグをスケーティングレッグにくっつける

ターンをするときは、遠心力を小さくするためにフリーレッグをスケーティングレッグに添えて回転軸を細くする。しかし、中途半端にひきつけてしまうと、先端がぶらぶらとして美しくない。スケーティングレッグのヒザの側面や内くるぶしにしっかりと付けてターンを行う。

やってみよう
上体に振りをつける

ターンの遠心力を抑えるために、上体を固定するのが定石。しかし、体の軸が安定していれば、上体に振りを付けても、フリーレッグを動かしても大丈夫。振り付けをしてみよう。

できないときはここをチェック ✓

ダブルスリーターンの基本は、当然ながらスリーターン。初心に戻り、緩急をつけてスリーターンの完成度を確かめてみる。

ポイント No.08 ▶ ピボット
お腹の筋肉を締める コンパスの動き

> **コレができる！** 勢いに任せない、緩やかな回転技法を覚え、演技に余裕を持たせる

硬い軸を作り、柔らかい回転を生む

スケーティングレッグの一点に重心を乗せて回転する技をスピンと呼ぶが、ピボットはフリーレッグのトウをついて回転軸として、スケーティングレッグを回転させる技。体全体をコンパスのように使う。回転させるスケーティングレッグのアウトエッジで円を描く。まずは**フリーレッグのトウに重心を安定**させることが大切。スケーティングレッグの使い方を覚え、勢い任せに回るだけでなく、ゆっくりと優雅に演技を行う余裕を生み出す。

効くツボ
1. アウトエッジを45度倒す
2. 腹筋に力を入れて後傾
3. ゆっくりと1周が目標

スケーティングとステップ、ターンを磨く

効くツボ 1

スケーティングレッグの アウトエッジを45度倒して滑らせる

フリーレッグはヒザを曲げる。スケーティングレッグはヒザを伸ばし、足首は直角に保つ。エッジはアウトサイドに45度倒す。スケーティングレッグに重心は乗せない。乗せると、回転が止まってしまう。アウトエッジ全体を使い、ヒールやトウが氷にひっかからないように注意する。

効くツボ 2

お腹を締めて 上体を少し後傾させる

後ろ脚となるスケーティングレッグは、トウをしっかりと立てて重心を乗せる。上体は、お腹を締めてやや後傾させる。前傾すると、フリーレッグに重心がかかってしまい、フリーレッグの回転が止まる。また、腹筋に力を入れて上体の軸を固定しなければ、後傾できない。

効くツボ 3

スローテンポで ゆっくりと1周する

フリーレッグの回転が、ゆっくりと1周できるまで練習する。フリーレッグと体の他の部位で回転するスピードがぶれないように注意。勢いにまかせて1周するのではなく、スローテンポでゆっくりと、重心の位置、上体のバランスをキープできていることを確認しながら行う。

やってみよう
腕や顔に動きをつける

脚に気を取られがちになる技だが、慣れてきたら、腕に動きもつけてみる。顔の向きも回転方向ばかりでなく、逆方向を向いてみるなど振りをつける。

できないときはここをチェック ☑

トレース（氷面に残る軌跡）を確認する。正しい円の外側に残っていれば、エッジを倒し切れていないということになる。

27

ポイント No.09 ▶ トウステップ

トウを氷に突き立てながら滑るのではなく踊る

コレができる! 細やかで軽やか、しかも可愛らしい表現を見せることができる

トウを氷に突き立てて小刻みにステップを踏む

トウステップは、ブレードの先端部であるギザギザの部分を氷についてステップを踏む。**「滑る」動きではない**ため、長時間行うことは少ないが、滑走とは違ったリズムを表現することができ、プログラムにアクセントを付けられる。バランスを失いやすいので、基本のフォームや重心の位置をしっかりと覚える。また、スピードのある滑走から一気にリズムを変えるため、スケーティングレッグの**ヒザのコントロール**をマスターする。

効くツボ
1. トウの上に重心を乗せる
2. 体全体を真っ直ぐに伸ばす
3. 重心を引き上げる

スケーティングとステップ、ターンを磨く

効くツボ 1

トウの上に重心を乗せる

スケーティングから技に移るとき、両脚のヒザは瞬時に伸ばす。体の重心を引き上げて、片足のトウの上にしっかりと乗せる。トウに乗ったら、体を半回転させたり、腕や顔の動きを付けて変化させると良い。できるだけ細やかに優雅に方向を変化させると美しい。

効くツボ 2

体全体を真っ直ぐに伸ばす

上体を起こし、重心を引き上げる。脚だけを伸ばすのではなく、頭の先から足のつま先まで体全体を真っ直ぐに伸ばすことで、全体のシルエットを美しく、スマートに見せる。また、重心を高い位置に保つことで、細やかなステップをスムーズに行うことができる。

効くツボ 3

重心を引き上げてトウを氷面につく

スケーティングレッグは「トウ」と呼ばれるブレードの先端が氷に直角に交わる。刺すようにつくことが大事。ステップを踏むときに重心が引き上げられていないと、転倒する原因となる。足の裏は、可能な限り高い位置へ背伸びをするように、しっかりとトウで立つ。

やってみよう
滑走の合間に織り交ぜる

「滑らない」技術のため、あまり長いステップを続けることはない。滑走からの入り方と、滑走への移行がスムーズにできるかが重要になるので、入念にチェックを。

できないときはここをチェック ☑

まず、しっかりとトウを氷上に突き刺す感覚を覚える。壁やフェンスに手を置き、トウで氷に立って重心を引き上げられたら、手を放してみる。

ポイント No.10 ▶ チョクトウ
左右で小さなカーブを描いて イン・アウトを切り替える

コレができる! 両ヒザの柔軟な使い方を覚え、素早いエッジ操作が可能になる。

ヒザの曲げ伸ばしと腰のひねりでエッジ操作を助ける

左右の足を前後に乗り換えて、エッジを切り替えるステップ。たとえば、右足バックアウトから左足フォアイン。**しっかりと切り替え**なければ交互に対称の半円を描くことはできない。ただし、切り替え動作に力が入りすぎると、遠心力に負けて軌道から外れる。腰から下のひねりをコントロールするための上体の姿勢、エッジをスムーズに切り替えるためのフリーレッグの動き、ステップ前後の軌道を描くときの注意点を知る。

効くツボ
1. 上体を固定する
2. 両ヒザの間隔を狭める
3. イン・アウトを強く意識

スケーティングとステップ、ターンを磨く

効くツボ 1

ひねりを生むために上体を固定する

上半身を固定し、腰から下のひねり戻しを利用する。ひねりを生むため、インやアウトで描くカーブにしっかりと重心を乗せる。腕は進行方向の前後に伸ばし、エッジの切り替えを行っても位置が変わらないように置き続ける。上半身が固定できないと、体が回転してしまう。

効くツボ 2

両ヒザの間隔を狭めて脚を開く準備を行う

バックアウトからフォアインにステップする場合、エッジを切り替える直前まで、フリーレッグのすねをスケーティングレッグのふくらはぎに付け、両ヒザの間隔を狭める。その間にフリーレッグを進行方向へしっかりと開いて重心を乗せ換えて着氷しないと、エッジが氷にひっかかる

効くツボ 3

切り替え前後のエッジはカーブを意識して倒す

スケーティングレッグのヒザをしっかりと伸縮し、イン・アウトそれぞれで小さなカーブを描くことを強く意識する。両足を180度開いて左右の足に乗り換えることに意識を取られて、エッジの操作を行わずに、着氷時に足を氷に置くだけといったことにならないように注意する。

Let's やってみよう
カーブ上で繰り返す

カーブ上を滑走しながら、左右の足でチョクトウを繰り返してみよう。ヒザを柔軟に使うことができないと、速度を保ちながら連続して行うことは難しくなる。

できないときはここをチェック ✓

緩やかなカーブを描いてからチョクトウに入ると、エッジの操作がしやすい。はじめはスピードを出さずにトライしてみよう。

ポイント No.11 ▶ ブラケット
ひねりを生かすエッジ操作で遠心力を必要最小限に留める

> **コレができる！** 無駄な力を抜いて、上体のひねりを生かして軽やかにターンする

回転しやすい姿勢で上体だけを止めて華麗にターン

アウトからイン、またはインからアウトへとエッジを片足で切り替えるターン。同一円上で行い、ターンをするときの先端が外側を向く。ブラケットはカーブと逆方向に体を回転させるため、順回転のスリーターンよりも腰から下を強くひねる必要がある。その分、ターンを正しく止めるのが難しい。**必要最小限の回転力でターン**を行うための要素、遠心力に負けずにターンを止めるための脚の使い方、上体の動きを覚える。

ブラケット

効くツボ
1. 重心は土踏まずの前方
2. 常に両脚を離さない
3. 上体のひねりを利用する

スケーティングとステップ、ターンを磨く

効くツボ 1

ターン直前は土踏まずの
やや前方に重心を乗せる

ひねりが不足するとターンの前後で描くカーブの大きさが異なってしまう。ターンをするときは接氷面積を小さくする。ターン直前（軌跡のくびれ部に入る段階）は土踏まずのやや前方により強く重心を乗せて、ターンでエッジを切り替えて反対側のエッジに乗り換える。

効くツボ 2

常に両脚を付けて重心をまとめる

フリーレッグのすねをスケーティングレッグのふくらはぎに付ける。ターンするときに両脚のヒザの間隔が開いていると、ターンの遠心力でフリーレッグが離れて振られてしまい、重心がまとまらない。より美しくスムーズにターンを行うためにも両脚は付けたままの状態をキープする。

効くツボ 3

ターンのときは両腕を
平行に保ち遠心力を避ける

両腕はトレース（軌跡）を描く半円上に置き、水平に保つ。ひねりの遠心力に負けて上体が止まらない場合は、腰から下のひねりとは逆方向に腕を振り、上体を逆回転させて足の回転を止める方法もある。ただし、回転操作に腕を使ってしまうと、軸がぶれやすいのでなるべく避ける。

やってみよう
ジャンプへの導入に用いる

ステップからのジャンプが可能になると、競技では加点の対象となる。かなり難度は高いが、ブラケットからのアクセルジャンプに挑戦してみよう。

できないときはここをチェック ☑
上体がうまく固定できずにぶれてしまう場合は、上級者に手を引いてもらい、上体を固定した状態で腰から下をひねってエッジを切り替える。

33

ポイント No. 12 ▶ ロッカー
腕をサークル上に残して進行方向を変える

> **コレができる!** 腰から下のひねりとエッジ操作を主導にして、素直なターンを可能にする

片足を一気に180度回転させてエッジを切り替える

ターンの前後で「S」字を描く。インからイン、またはアウトからアウトへ一気にエッジを変える。トレース（軌跡）では、カウンターとはターンのくびれが逆向きとなる。一時的にフラットや逆のエッジに乗ってしまうミスが多い。正しいエッジに乗るためには、**腰から下をひねる力をコントロール**しなければならない。最小限の遠心力でバランスを崩さずにターンをする、スケーティングレッグ、上体、フリーレッグの使い方を覚える。

ロッカー

効くツボ
1. 屈伸でエッジミスを防ぐ
2. 両腕をサークル上に残す
3. 両脚をつけて回転軸を細く

スケーティングとステップ、ターンを磨く

効くツボ 1

ヒザの屈伸でカーブを描き、エッジミスを防ぐ

インからインへエッジを変えるとき、フラットなエッジからターンすると、アウトに倒れやすい。アウトに倒れた場合はスリーターンとなり、技として認められない。ターン前はスケーティングレッグのヒザをしっかりと曲げてカーブを深く描き、ターンのときには全身を引き上げる。

効くツボ 2

腕はリラックスさせ、サークル上へ水平に置く

両腕はターンの前も後もサークル上で氷面と水平に置く。下半身をしっかりとひねる分、上体を固定しなければならない。ただし、上体に必要以上の力が加わると、重心が引き上がって不安定になってしまう。腕は脱力し、肩をすくめたりしないように自然体を保つ。

効くツボ 3

フリーレッグはスケーティングレッグに付ける

ターンをするときは、フリーレッグのくるぶしをスケーティングレッグの足首やふくらはぎに付ける。フリーレッグが体の軸から離れると、遠心力を受けてフラフラしてしまい、方向の異なる回転が生まれるため、ターンがまとまらなくなる。回転軸は、なるべく細く保つ。

やってみよう
フォア＆バックに組み込む
スピードとカーブを十分に使ったフォア＆バックの中でターンを行ってみよう。より実戦的な感覚を磨くことができる。勢い任せでは安定感を欠く。いつでもターンができるようになろう。

できないときはここをチェック ☑
壁やフェンスにつかまったりして上体を固定する。まずはエッジの切り替えに必要となるひねり（ターン後に腰を開く感覚）を覚えること。

35

ポイント No.13 ▶ カウンター

ヒザの屈伸で重心を操って
焦らずに180度ターンを行う

> 💡 **コレができル!** 上体のコントロールでターン前に起こりやすいエッジ操作のミスを軽減する。

**ターンの前後とも
カーブ上にしっかりと乗る**

カウンターは、ターン前のカーブに対して逆回転をしながら、エッジをアウトからアウト、またはインからインへと一気に変える片足ターン。**軌道は、進行方向に対して外側を向く**。ロッカーはターン後のエッジにミスが多くなるが、カウンターはターン前にエッジの誤操作が起こりやすい。足の操作だけでターンを行うと、上体が残ってしまい、ひねりの力をコントロールできない。正しい重心移動、エッジ操作のミスを減らす上体の使い方を覚える。

カウンター

効くツボ
1. 上体を止め遠心力を抑える
2. カーブの内側に上体を倒す
3. 前後で重心はカーブ上に

36

スケーティングとステップ、ターンを磨く

効くツボ 1

上体は固定し、遠心力の勢いを使わない

上体は、しっかりと止めたままターンを行う。腕やフリーレッグを振り回して遠心力の勢いを利用すると、多くの場合はターンがしっかりと止められなくなってしまう。両腕は氷面に対して水平に伸ばして固定。上体を起点として腰から下をひねることでターンを行う。

効くツボ 2

ターン前にカーブの内側へ上体を倒してエッジミスを防ぐ

ターン後のエッジを意識するのが早過ぎると、足の動作だけが先行してターン前のエッジを誤りやすい。ターンに入る前に、意識的に上体をカーブの内側へ倒すと、エッジ操作のミスを防ぐことができる。また見る者に対しても正しいエッジ操作をアピールしやすくなる効果がある。

効くツボ 3

ヒザの屈伸でターン前後は山型の重心コントロール

ターンの前後で、全体の重心を山型にコントロールする。ターンの前後は、ヒザをしっかりと曲げて重心を下げてカーブを描く。ただし、ターン時は、スケーティングレッグのカカトを少し浮かせて、重心を引き上げる。接氷面積を狭めることでターンに伴う回転の抵抗を抑える。

やってみよう
ターンの前後に振り付けを
ターンの前後でバランスが崩れがちなので、動きを取り入れることで、安定感を図ろう。振り付けをしても、ぶれなくなるまで練習しよう。

できないときはここをチェック ✓
片足フォア滑走でフリーレッグを前後に移動させて、スケーティングレッグにそろったところで体をひねる。まずは、この感覚を覚える。

37

ポイント No. **14** ▶ ツイズル

腹筋に力を入れて
重心を引き上げ移動しながら回る

> **コレが できる!** 体の軸をしっかりと締めてぐらつきを抑え、進行方向をコントロール

ヒザの一押しで重心を引き上げ続けて回転&進行

ツイズルは、スピンとは異なり同一の場所で回るのではなく、片足で滑走しながら回転する技。遠心力を保ちながらも、カーブ上での軌道を描かなければならず、進行方向のコントロールが難しい。また、一度引き上げた重心を下げてしまうと、ダブルスリーターンとなってしまい、ツイズルとして認められない。スムーズな回転を可能とする姿勢をマスターし、また**回転のぶれを極力抑えて、回転中に軸のぶれを立て直す**コツを覚える。

効くツボ
1. ヒザを伸ばし続ける
2. 1回転毎に目標物を確認
3. フリーレッグはヒザ横へ

38

スケーティングとステップ、ターンを磨く

効くツボ 1

回転しはじめたら、ヒザを伸ばし続ける

ヒザを曲げた状態から始め、回り出したら、ヒザを伸ばす。回転中は、視線を落とさず、腹筋に力を入れて体を締める。上方へ体が引っ張られているイメージを持って、重心を引き上げる。回転中に一度でもヒザを曲げて重心を下げてしまうと、ダブルスリーターンになってしまう。

効くツボ 2

目標物を1回転ごとに確認する

回転を始めるときは、半身の体勢で顔を回転方向へ向け、回転中も体の軸は一直線上に保つ。練習では目標物を決めて1回転毎に目標物が正面にあるかどうか確認する。また、上体のぐらつきをできるだけ抑えるため、慣れるまでは腕を胸の前か体側に置いて回転軸を細くする。

効くツボ 3

フリーレッグはヒザ横にしっかり付ける

フリーレッグはヒザを曲げて、スケーティングレッグにカカトをつける。回転軸を細くするために重心を引き上げ、移動しながら回転することが大切。フリーレッグはスケーティングレッグから離さず、正面から見てヒザ下が外側やスケーティングレッグの内側に倒れないように注意する。

やってみよう
逆回転にもトライ
利き足ばかりで行うことが多いが、逆足（逆回転）にもトライしてみよう。また前後どちらからでも技に入れるようになるまで練習する。4〜5回転、安定してできれば完ぺきだ。

できないときはここをチェック ☑
まずは2回転の練習から始めよう。回転力のコントロールも大事だが、何よりも基本であるエッジ操作がしっかりできていなければならない。

39

ポイント No.15 ▶ ループ（ターン）
焦らずじっくり自然な回転でターンする

> **コレができる！** 一押しでターンを完了させ、スピードに頼らずエッジ操作に集中する

遠心力を用いず、エッジの切り替えで自然にターン

効くツボ
1. 上体をカーブへ倒さず保つ
2. 小さい円の半分で動く
3. 引き寄せと屈伸を同時に

　ループは、ターンの種類でもかなり難しい部類に入る。スピードに乗って遠心力を使いたがる傾向があるが、**エッジ操作を正しく行え**ば、ゆっくりと一蹴りで軌道を描くことができる。練習をするときには、自分が描いた軌跡を確認しよう。ターンで描くループ（小さい円）が大きすぎても、小さすぎてもいけない。大きい場合、小さい場合の修正点を確認し、美しい軌道を描く。また、円を描くために強まる遠心力を抑える上体の使い方も覚える。

スケーティングとステップ、ターンを磨く

効くツボ 1

上体のひねりを抑える

上体は、ひねらない。カーブの内側へ倒しがち。中のループ（軌道）が小さくなるのは、ひねり過ぎている証拠。また、焦ってひねると、誤ったエッジ操作が加わって小さい円の軌道がゆがむ。小さい円の半分を描くまで上体はしっかりと止め、遠心力に頼らず、エッジ操作でターンする。

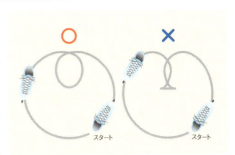

効くツボ 2

小半円の半分を描いたらフリーレッグを動かす

小さい円の半分までを描いたところで、フリーレッグを動かす。インエッジなら後方から前へ、アウトエッジなら前方から後方へと前後を変える。中のループ（軌道）が大きい場合は、体が振り回されている可能性が高いので、フリーレッグを回転軸に近い位置でコンパクトに収める。

効くツボ 3

フリーレッグの引き寄せと、ヒザの曲げ伸ばしを合わせる

滑走に入る時点では、フリーレッグは浮かせた状態から動かさない。ループを描くときに、フリーレッグの引き寄せと、ヒザと足首の曲げ伸ばしのタイミングを合わせる。スピードをつけすぎは、遠心力に頼りがちになるので注意。エッジをしっかりと倒し、一押しでループを描く。

やってみよう
左右の脚でエッジ操作を完全マスター
左右の脚でフォア、バックとも挑戦する。いずれの形でもループがきれいに描ければ、エッジ操作の技術はかなりのもの。演技でも安定して使えるように、しっかりとマスターしよう。

できないときはここをチェック ☑
滑走後のトレース（軌跡）を確認する。円の大きさでミスしている原因を知ることができる。フリーレッグは、連続写真で確認するのもよい。

知っているとひとつトクをする
気をつけよう
靴擦れを起こさない スケート靴の履き方

**スケート靴は重く、靴擦れを起こしやすい。
しっかりとフィットさせる履き方を覚えます。**

---

1 靴ひもを完全に緩める
靴のひもを完全に緩めてから、足を入れる。甲にあたる「べろ」の部分は、しわにならないように引き出します。

---

2 足首を上に向けて締める
ヒールを床について足首を曲げ、つま先を上に向けた状態でひもを締め始める。特に足首の部分は靴と密着させるためにきつく締める。

---

3 足の指が動く程度に締める
靴のひもは、足先の部分から足の指が動く程度に締める。
ふくらはぎと靴の間に指が2本入る程度がよい。

---

4 しっかりとホックにかける
足首より上の部分は、ひもをホックにしっかりとかけて蝶結びにする。ひもが長過ぎる場合は、もう一度結びます。

---

5 カカトが浮かないかチェック
靴を履き終わったら、ヒザを曲げてカカトが浮かないかチェック。エッジカバーを外してエッジケースに取り替え、床を歩きましょう。

 ## 安全に気を配り、マナーを守る

スケートを楽しく滑るためには、安全に気を配り、マナーを守らなければなりません。初心者はリンク使用時の注意事項をよく確認してから滑りましょう。氷面はツルツルとしているように見えますが、実際には小さなとげのようにザラザラとしています。滑走中はとっさに勢いよく手を突くこともあるので、手袋をしてください。また、上級者でもブレードのまま床を歩いている姿をよく見かけますが、石や金属を踏んでしまうと、転倒する危険があるだけでなく、エッジが傷ついてしまいます。床を歩くときには、必ずエッジケースを着用しましょう。

PART
2

姿勢を保ったまま優雅に滑走

華麗なスパイラルで魅せる

フリーレッグを腰より高い位置でキープして滑走する。
体全体をしなやかに使い、優雅な姿勢で観る人を魅了。
体の柔軟性が高くなれば、難しいポジションにも挑戦だ。

ポイント No.
16 フォアスパイラル
帆を張るように体を反って
片脚を90度以上上げる…44

ポイント No.
17 バックスパイラル
両腕で回転力を制御して
軌道を外さずに脚を上げる…46

ポイント No.
18 チェンジエッジのスパイラル
エッジの反動を利用して
スパイラルのままチェンジエッジ…48

ポイント No.
19 イーグル
お尻を締めてヒザを伸ばして
体を一直線に傾ける…50

ポイント No.
20 イナバウアー
ヒザの間隔を平行に保って
中間地点に重心を置く…52

ポイント No.
21 Y字スパイラル
上体を少し後ろに反って
足を横に高く上げる…54

ポイント No.
22 ビールマンスパイラル
腕・足を伸ばして
頭より高い位置まで足を上げる…56

ポイント No.16 ▶ フォアスパイラル
帆を張るように体を反って片脚を90度以上上げる

> **コレができる** パーツごとの動きを一つに連動させて、上体の姿勢を自然に作る

帆のように各部位を反らせフリーレッグを引っ張り上げる

　フリーレッグを腰よりも上げて滑走するのが、スパイラル。氷面に対してフリーレッグが垂直状態から90度以上上がった状態を保たなければ、技として認定されない。**船が帆を張るように**、体の各部位を後方へ反らし、フリーレッグが後ろの上方へ**引っ張り上げられる姿勢**を取る。柔軟性と背筋を使う意識が要求される技だ。スケーティングレッグの重心コントロール、フリーレッグや上体の姿勢をキープするための注意事項を覚えよう。

効くツボ
1. 非滑走足のつま先を上げる
2. 重心をトウに乗せない
3. 上体を反る

華麗なスパイラルで魅せる

効くツボ 1

フリーレッグのつま先を上げて全体を大きく見せる

フリーレッグは、つま先を上方へ向ける。脚の付け根からつま先までが一直線になるようにイメージを持つ。靴の重量や重力に負けて、つま先が下へ向いてしまいがちなので注意する。また、ヒザ頭やスケート靴の紐が客席へ向くように脚全体を外側へ向け、長く美しく見せる。

効くツボ 2

ブレードの前方が浮く程度に重心を後方に置く

スケーティングレッグは、ブレードの中央よりも少し後方に重心を乗せる。ブレードの前方が氷から浮くぐらいが目安。重心がブレードの前方に乗ると、ブレーキとなってスピードを殺してしまう。また、脚がつんのめり、スケーティングレッグを長く美しく見せることができない。

効くツボ 3

胸を起こして上体を反らす

フリーレッグを後方で上方に上げるため、上体は前傾しがちになる。しかし、前傾してしまうと、スケーティングレッグの重心を後方に乗せることが難しくなるので、胸を起こして上体ごと反らす。前方からは顔、側面や後方からは背中がハッキリと見えるように意識する。

やってみよう
同じポジションを6秒間キープする

国際スケート連盟が定める判定基準では、3秒間の姿勢維持で技が認定されるが、6秒間を維持すると判定（評価）レベルが上がることになっている。6秒間にトライしよう。

できないときはここをチェック ✓

姿勢を保つためには、柔軟性と腹筋・背筋が必要。3秒間のキープができない場合は、ストレッチや筋力トレーニングなどで弱点を克服すること。

45

ポイント No. 17 ▶ バックスパイラル

両腕で回転力を制御して軌道を外さずに脚を上げる

 コレができる フリーレッグを側面から持ち上げずに真後ろへ上げ、正面からも美しく見せる

側面からだけでなく、正面から見ても美しい姿勢を作る

　スパイラル滑走の中で、よく用いられるのがフォアインとバックアウト。後ろ向きで滑走するバックは、進行方向を目視することができないため、フォアよりもバランスを保つのが難しい。その分、安定した演技を行うためには、怖がらずにスピードを出す必要がある。長く美しい姿勢を保つための重心コントロールや腕による安定補助方法を身につけ、**目では確認できないフリーレッグの軌道を真っ直ぐ**に上げられるように注意する。

 効くツボ
1. 重心はブレードの少し前方
2. 非滑走足はライン上で移動
3. 両腕で回転を制御

華麗なスパイラルで魅せる

効くツボ 1

重心はブレードの
やや前方に乗せる

スケーティングレッグは、ブレードの少し前に重心を乗せる。重心が後方に乗ってしまうと、上体が下がらなくなり、フリーレッグを高く上げることができない。また、安定を保つために必要なスピードの持続も難しくなる。ただし、トウが氷に引っ掛かってしまわないように注意。

効くツボ 2

フリーレッグは
体のラインに沿って上げる

フリーレッグは、体のラインに沿って真っ直ぐに上げる。側面から上げてライン上へ持って行ったり、上がった状態から側面へ倒れたりすると、側面からは目立たないが、正面から見た場合に美しさを欠く。側面に倒す方が高く上げやすいため、ミスに陥りやすい傾向があるので避ける。

効くツボ 3

両腕をカーブに対して逆回転させて
進行方向を制御する

フリーレッグが傾くと、進行方向がカーブに傾きすぎる場合がある。氷面と水平に伸ばした両腕を、逆回転の姿勢にする（左へのカーブなら、右手が前、左手が横）と抑制することができる。ただし、慣れたら、両腕を水平に伸ばしたまま、エッジのみで進行方向をコントロールする。

やってみよう
変形ポジションにトライ
左右の足で前後のスパイラルをマスターしたら、変形ポジションにも挑戦してみよう。54ページで紹介するY字のほか、フリーレッグを反対の手でつかむクロスグラブなどがある。

できないときはここをチェック ☑
股関節が硬いと、前方か後方のどちらかに偏りやすい。前後あるいは左右の開脚運動など柔軟体操で股関節の可動域を広げよう。

47

ポイント No.18 ▶ チェンジエッジのスパイラル
エッジの反動を利用してスパイラルのままチェンジエッジ

> **コレができる** 大胆な切り替えで重心移動をスムーズに行い、鮮やかにエッジを変える

カーブへのひねりから反動を生かしてエッジを変える

　フォアあるいはバックのスパイラルで、滑走したままエッジをインサイド、アウトサイドと切り替える。スケーティングレッグは変えないので、ある程度スピードを出した状態で行う。そのため、イン、フラット、アウトとゆっくりと変えていると、足元がスピードに負けてぎこちなくなる。エッジ、上体ともにカーブへのひねりを作り、切り替えでは、**ひねり戻しの反動を生かしてスムーズに**チェンジエッジを行う。

効くツボ
1. 上体を傾けて反動を生む
2. 上体でリードする
3. 深く倒して反動を使う

華麗なスパイラルで魅せる

効くツボ 1

上体を傾けてひねりを生む

エッジを切り替える前、アウトエッジでは背筋側、インエッジでは腹筋側に上体を傾ける。通常のスパイラルでは、両腕を氷面に対して平行に伸ばす格好となるが、旋回する飛行機の両翼のように腕を縦方向へ傾ける。切り替える時には、傾きは変えずに胸ごと向きを変える。

効くツボ 2

上体を先行させて切り替え動作をリードする

エッジを切り替える前、スケーティングレッグ側の腕をやや前方へ出しておく。エッジを切り替えるのと同時に、前方にある腕がS字の軌道を描くようにして、上体が下半身よりも先に新しいカーブに沿う。腕は曲げてS字を描くのではなく、伸ばしたまま肩を誘導する。

効くツボ 3

エッジを深く倒し、フックのようにS字を描く

エッジは切り替える前後とも深く倒し、S字のフックを氷面に描くように、深さの反動を利用して切り替える。エッジの傾きが浅いと、トレース（軌道）がS字のカーブではなく、緩やかにゆがんだ直線のようになってしまう。勢い任せではいけないが、ある程度思い切ってエッジを倒す。

やってみよう

1メートル滑走以内に行う

国際スケート連盟が定める競技規則では、1メートルの滑走以内に行うチェンジエッジを判定レベル向上の対象としているので、意識してみよう。

できないときはここをチェック ☑

まずは緩やかに大きなS字カーブを描き、徐々にエッジを深く倒していく。瞬間的にエッジがフラットになる時間帯を短くするよう心がける。

ポイント No.19 ▶ イーグル
お尻を締めてヒザを伸ばして体を一直線に傾ける

> 💡 **コレができる** お尻の位置をコントロールして、上半身と下半身を連動して傾斜する

「お尻を締める」姿勢で上体と下半身を一体化させる

　両足のつま先を180度開いて、片足はフォア、もう片方はバックで両足滑走するのが、イーグル。脚を開くのが難しいため、上体とのバランスが取りづらい。柔軟性を高めることが何よりも効果的だが、氷上では重心が乗る方向を捉えられるかが、マスターへの近道となる。両足はつま先からカカトへ、上体は頭の先から背中を通って両足のカカトへと、重心が乗る。**上体と下半身を一体化するお尻の位置**をしっかりと覚える。

効くツボ
1. カカトに重心を乗せる
2. エッジと上体を一緒に倒す
3. 臀筋を締めてヒザを伸ばす

華麗なスパイラルで魅せる

効くツボ 1

両足のカカトに重心を乗せる

スケーティングレッグは、両足を「一」文字に開く。内転筋に力を入れ、重心は両足のカカトに乗せる。足の幅はなるべく狭く保つ。ただし、直線上でカカトを近づけるのでなく、つま先からカーブの内側（アウトエッジなら背中側）を通ってカカトへと力をかけて近づける意識を持つ。

効くツボ 2

上体はエッジとともに倒す

上体は、エッジと同じ方向に倒す。エッジの傾斜と、頭の頂点が一直線に並ぶように意識する。ただし、上体を倒すために、足の間隔を広げてはいけない。足幅は肩幅より少し広い程度までに留める。また、上体だけを強く反らすと、下半身とのバランスが取りづらくなるので注意。

効くツボ 3

ヒザを伸ばして臀筋を締める

両ヒザを伸ばす。ヒザの向きは、カーブ上よりも前面へ出るようにする。また、臀筋を締め、お尻を前方、下方へと「しまいこむ」。お尻が突き出て体が「く」の字に曲がってしまうと、上体と下半身がバラバラになってしまい、上半身を反らせても優雅さが伝わらない。

やってみよう
変形イーグルに挑戦

イーグルは、エッジコントロールができていれば技として認められる。あえてヒザを曲げた姿勢や、上半身を大きくのけ反らせた変形ポジションにも挑んでみよう。

できないときはここをチェック ☑

イーグルは、股関節が180度開くことが前提条件となる技。まずは陸上トレーニングでしっかりと姿勢のキープを行うところから始めること。

ポイント No. **20** ▶ イナバウアー

ヒザの間隔を平行に保って中間地点に重心を置く

> **コレができる** エッジだけでなく、体全体で平行滑走をして、美しい軌道を描く

ぶれない平行滑走で鮮やかな軌道を描く

2006年のトリノ冬季五輪で一躍その名を広めたイナバウアー。イーグルの変形ポジションで、左右の足を180度に開きながら、前後にずらして平行滑走させる。前足のヒザを曲げ、後ろ足のヒザは伸ばす。**両脚の中間地点に重心を乗せる**のが難しいが、マスターすればより美しい滑走が可能になる。直線に留まらず、曲線を描く滑走も優雅。また、上体を後方に反らせば、より壮大なイメージを与えられる。

効くツボ
1. 横向きのヒザを平行に保つ
2. 腰ではなく胸から反る
3. カーブは上体で先行誘導

華麗なスパイラルで魅せる

効くツボ 1

エッジだけでなく
ヒザも平行間隔を保つ

左右のエッジを平行に滑走させ、中間地点に重心を乗せる。片方に強く乗ってしまうと、もう片方がブレーキとなってしまい、滑走がぶれる。180度の開脚ができていないと、片側に乗ってしまいがちなので注意。エッジだけでなく、開いたヒザも平行間隔を保つように意識する。

効くツボ 2

上体は腰ではなく
胸から反る

上体を反るときは、通常よりも少し前方に重心を乗せる。両足滑走の優雅さを殺さないように、腰から折り曲げるのではなく、背中側から氷面へと縦のカーブを描くようにゆるやかに胸から反らす。真後ろが難しい場合は、進行方向に顔を向けて上体を少しひねっても良い。

効くツボ 3

カーブを描くときは
上半身を進行方向へ向ける

直線滑走で用いられる場合が多い技だが、同じ速度なら距離の分だけ時間もかかる曲線滑走で異なる印象を与えることもできる。カーブでは、進行方向側の足が前足となる。顔を進行方向に向け、上半身を進行方向へとひねりながらカーブへ入り、エッジのトレース（軌道）を誘導する。

やってみよう
指の先まで繊細な手の振り付け
重心とエッジのコントロールに余裕ができたら、腕を上げた状態から、上体とともに反らせてみよう。後ろ脚と両腕で縦のカーブを作ると、体を大きく見せることができる。

できないときはここをチェック ✓
上体を反らす場合は、両足の間隔を広げるが、はじめは小さな間隔から始める。中間地点の重心をとらえたら、少しずつ歩幅を開けてみよう。

53

ポイント No. **21** ▶ Y字スパイラル

上体を少し後ろに反って足を横に高く上げる

> 💡 **コレができる** 腕の力に頼らずに、足を高く真横に上げて、美しい姿勢を保つ

力に頼らず、反り・伸ばして自然体をアピール

　足を真横に高く上げ、アルファベットの「Y」の形でスパイラルを行う。いかに真っ直ぐ美しく足を伸ばし、姿勢をいかに長く保つことができるかが重要。足を高く上げるため、手で支えることになるが、腕の力に頼ると腰が伸びないなど美しさを欠く。柔軟性と筋力が必要となるが、**上体をやや後傾**させて、姿勢の崩れやすさを補う。また、姿勢に気を取られがちだが、重心移動の注意点をしっかりと覚え、滑走のふらつきを防ぐ。

 効くツボ
1. 浮き足の足首を伸ばす
2. 肩の位置を変えずに保つ
3. 足を上げたら重心移動

華麗なスパイラルで魅せる

効くツボ 1

フリーレッグの足首を伸ばす

フリーレッグのブレードの持ち方は、つま先の上を直接持つ方法と、体の正面から腕を巻きつけて持つ方法がある。土踏まずやカカトを持つ方が美しく見えるが、まずは、上からつま先を持つ方法からトライする。そのときに、足首を伸ばす。曲がる（つま先が下を向く）と美しさを欠く。

効くツボ 2

上体を少し後傾させて、足を持つ腕の肩を上げずに保つ

上体は、真っ直ぐよりも少しだけ後傾する程度に起こす。視線もやや上向きに保つことで、足が高く上がりやすい姿勢となる。強引に「高く上げなければ」という意識が働くと、フリーレッグの持ち腕の肩が上がってしまうので注意。無理に持ち上げていると印象が悪い。

効くツボ 3

フリーレッグが上がったら素早く重心を片足に移す

フリーレッグを持ち上げるときは、両足滑走に近い重心コントロールをせざるを得ない。そのため、両足の間に重心が乗る形となる。ただし、足を上げた後は片足滑走となるので、スケーティングレッグへと重心を移動する。スムーズに移行しないと、持ち上げた後の滑走が揺れてしまう。

やってみよう

手や腕の力を緩める

練習では、手や腕の力を意識的に緩めてみよう。可能ならば手を離すことができるとよい。手を離したままの滑走は困難だが、離している時間が長ければ長いほどよい。

できないときはここをチェック ☑

立ち足の筋力、股関節の柔軟性が必要。筋力トレーニングやストレッチで強化を図り、陸上でY字の姿勢を取るところから始めよう。

55

ポイント No.**22** ▶ ビールマンスパイラル

腕・足を伸ばして頭より高い位置まで足を上げる

> **コレができる** 頭上でブレードをつかむ体勢を保持しやすい動作過程を覚える

思い切って体を反らし、足を頭よりも上へ上げる

片足を背中側から頭の上まで上げ、正面側から回した手でつかんでポジションを維持するスパイラル。上げた足の位置が頭より高くなければ、技として認められない。高い柔軟性が必要で、無理に試みると腰などを負傷する場合もあるので注意。上体と、上げた足を近付けるために、**腰の位置を低く落とす**必要があるが、スケーティングレッグの足は伸ばしたまま滑走する。フリーレッグの上げ方、ポジション保持のための腰の位置を覚える。

 効くツボ
1. 腰の上に頭を持って来る
2. 滑走足のヒザを伸ばす
3. 横から後ろを経て上げる

華麗なスパイラルで魅せる

効くツボ 1

体を大きく反らせて腰を入れる

上体は少し前傾させて、腰を落とす。腰の位置が高いと、上体を後方に近付けられない。さらに、頭が腰の上に位置するように、胸から上を後ろへと反る。ブレードをつかむ手と頭の距離が遠いと美しさを欠く。かなりの柔軟性を要するが、腰、頭、ブレードが直線に並ぶのが理想。

効くツボ 2

スケーティングレッグを伸ばす

フリーレッグを低い位置からつかむため、スケーティングレッグのヒザは曲がりがちになるが、伸ばす。しっかりと伸ばして重心を乗せていないと、足をつかむ動作に振られて、体がフリーレッグ側に倒れやすくなる。また、見た目でも滑走のポジションが美しくなくなってしまう。

効くツボ 3

フリーレッグを持つ腕は横、後ろ、上へ

バックスパイラルでは、フリーレッグを体のラインに沿って真っ直ぐに上げるが、ビールマンの姿勢まで上げるには、手の補助が必要となる。そのため、フリーレッグは、まず体側でヒザを曲げて同じサイドの手でつかむ。その後、体の真後ろへ回し、腰の上の位置まで上げる。

やってみよう
片手のみでフリーレッグをつかむ

ポジションをキープするのが難しいため、両手ともフリーレッグの固定に使う場合が多いが、片手のみで行うことができれば、より高度な技として評価される。

できないときはここをチェック ✓

ビールマンのポジションは、相当の柔軟性を要する。柔軟性が足りないまま行うと、関節などを傷めかねない。股関節や腰、肩の柔軟性を上げる。

57

知っているとひとつトクをする

早めに対処
練習の妨げとなるマメを防ぐ

初心者の場合、スケート靴がなじむまでに時間がかかります。マメの予防を早めに。

---

1 ナイロン製の靴下を着用する
靴下は、ナイロン製など、摩擦が起こりにくく滑りやすいものを着用しましょう。丈はあまり短くないものがいいです。

---

2 患部をくり抜いたスポンジを使う
痛い部分に直接あたる箇所をくり抜いたスポンジを、足と靴の間に挟みます。患部と靴の接触を避ける方法の一つです。

---

3 サポーターを当てる
内側にジェルがコーティングされたパッドを患部に当てる方法もあります。ほかに、ゼリー状の絆創膏などを活用するのもいいでしょう。

---

4 シリコンを挟み込む
患部に直接シリコンを当てて、靴との間に挟みこんでしまう対処方法もあります。大きさを調節できるものもあります。

---

5 靴屋へ瘤だしを依頼する
スケート靴を取り扱っているお店で「瘤だし」をお願いしましょう。ビスやエッジの交換なども依頼することができます。

 リンクの噂 **必ず悩まされるマメ。その対処法**

マメは、スケートを始めて間もなく、必ず悩まされる症状です。練習後は足を触ってマメがないか確かめましょう。また、足に痛みを感じたら、すぐに予防対策を行ってください。
スケートの楽しさが分かった頃に、マメによって足が痛くなったり、患部がつぶれてしまったりすると、せっかく覚え始めた技術の習得を中断しなければなりません。痛みを我慢しながら練習を行うと、無意識に患部をかばって不自然な動きになるという弊害も生まれます。正しいスケート靴の履き方を覚え、早めに患部への対処を行うことでしっかりと予防します。

PART 3

安定性と速度を高める
多彩なスピンを マスター

ブレードの1点に重心を乗せて回転する。
回転軸を細くまとめて、回転力を最大限に生かす。
一つでも多くのバリエーションをマスターしよう。

ポイント No.
23 両足スピン
すき間をなくして
回転軸を細くまとめる…60

ポイント No.
24 アップライトスピン
ヒザの伸びと振り足を合わせ
回転速度を加速する…62

ポイント No.
25 スタンドスピン
フリーレッグを高く上げて
強い回転力を得る…64

ポイント No.
26 クロスフットスピン
非滑走足のヒザをすりおろして
最後まで回転力を保つ…66

ポイント No.
27 バックスクラッチスピン
フリーレッグの動きを止めて
回転力をコントロールする…68

ポイント No.
28 シットスピン
腰を落として上体を倒し
顔を上げて姿勢を維持する…70

ポイント No.
29 キャメルスピン
3点の回転順序をずらし
ひねりを生んで回転力を上げる…72

ポイント No.
30 レイバックスピン
軸足から頭までを大きく
ダイナミックに後方へ反らす…74

ポイント No.
31 足換えシットスピン
軸足の我慢と押しで
回転力を落とさずに足を換える…76

ポイント No.
32 コンビネーションスピン
ヒザの屈伸と上体のひねりで
回転速度を変えずに姿勢を変化…78

ポイント No.23 ▶ 両足スピン
すき間をなくして
回転軸を細くまとめる

コレができる 回転に入るまでの不安定要素を消し、バランスを保って回転速度を上げる

スピンの感覚を覚える

両足スピンは、スピン技の基礎となる。スケーティングから回転に入る、あるいは回転を終えてスケーティングに戻る動作を覚える。回転速度を上げられるように安定感を身につける。両腕は回転を始めるまで水平に伸ばしておくが、回転後は胸の前へ引き寄せる。**腕の動作で安定感と回転力をコントロールする**。また、目を回さないように、回転する先を見続け、体よりも視線を先に回転させる感覚を身につける。

効くツボ
1. 両足のすき間を作らない
2. 回転してから腕をしまう
3. 回転する先を見て回る

多彩なスピンをマスター

効くツボ 1

両足のすき間を消す

片足滑走から両足滑走へ移行し、回転に入る。重心がどちらか一方の足に偏ると回転軸がゆがんでしまうので注意する。回転動作に入るときは、両足をすき間なく並べ、足の合間に回転軸を置く。両腕を水平に伸ばして保ち、バランスを取りながら回転速度を上げていく。

効くツボ 2

回転を始めてから腕をしまう

腕は胸の前に置くが、回転動作に入ってすぐではなく、ある程度回ってから移行する。はじめは安定感を高めるために伸ばしておく。左足滑走から入る場合、左手は斜め前、右手は横に置いた状態から右手を振り込むようにして、両の手のひらを最短距離で胸へ持って来る。

効くツボ 3

回転する先を見て回る

回転に入るときから、やや斜め下方向に視線を向け、エッジが描くカーブの内側を見続ける。正面を向いたままだと、回転に入るのが遅れてしまう。また、回転動作に入った後も、体よりも先に視線を回転させる。首を回して見える範囲で回転先を見ないと、目が回ってしまう。

やってみよう
腕に振り付けをしてみる

安定した両足スピンを行いながら、腕の振り付けを行ってみよう。回転中に腕を上げたりしても回転軸がぶれず、回転速度が落ちないようにコントロールする。

できないときはここをチェック ✓

はじめは、腕を伸ばしたままで練習。スピードをつけやすく、安定感も高まる。慣れてきたら、腕に頼らず、エッジと重心の操作で回転する。

ポイント No. **24** ▶ アップライトスピン

ヒザの伸びと振り足を合わせ回転速度を加速する

> **コレができる** 軸足のヒザ、フリーレッグの振りでスピード感のある回転を生む

実戦式スピンのベースをマスター

　実戦式のすべてのスピンのベースとも言えるのが、アップライトスピン。フリーレッグを高い位置でキープするY字スピン、I字スピンの基礎にあたる。上体と軸足が直立した状態で回転し、スケーティングレッグのヒザは、完全に伸ばさなければならない。美しく見せるためにも、片足滑走でポジションを変化させるためにも**回転速度が必要となる**。速度を呼び込む軸足のヒザ、フリーレッグの振り方、揺れない上体姿勢の保ち方を覚える。

効くツボ
1. 非滑走足の振りで加速
2. 右のわき腹で上体を保持
3. ヒザをゆっくりと伸ばす

多彩なスピンをマスター

効くツボ 1

フリーレッグを大きく早く持って来る

回転に入る前に、バックでインあるいはアウトに重心を乗せる。そこから足を換えてフォアアウトへと体をひねる勢いを利用してスピンの体勢に入る。そのときに、フリーレッグを「遠くから、大きく、速く」持って来ることを意識。体のひねりとフリーレッグの勢いで回転を加速する。

効くツボ 2

右のわき腹を少し伸ばす

左足で左回りに回転する場合、遠心力によって上体が右に傾きがちになる。上体が曲がっていたりぶれたりすると、スピンの安定性を損ねるだけでなく、見た目も美しさを欠く。右のわき腹を少し伸ばし、上体をやや左側へ傾けるイメージを持って、右への傾倒を避ける。

効くツボ 3

軸足のヒザはゆっくりと伸ばす

スケーティングレッグのヒザを、ゆっくりと伸ばす。フリーレッグが後方から横へ到達するのと、ヒザが伸びきるのが同時。ヒザが早く伸びてしまうと、フリーレッグを速く動かすことができず、途中までしか持って来ることができない。バランスが崩れ、回転速度が遅くなってしまう。

やってみよう

軸足をスムーズに変える

スピンのベースであるアップライトをマスターしたら、軸足をスムーズに変えられるように練習しよう。他のスピンへつなぐコンビネーションスピンの基本となる。

できないときはここをチェック ✓

スピンに入るときの半回転で、助走の勢いに負けて軸足が流れてしまうと、回転軸を作るのが遅れる。エッジの跡が1カ所にまとまるように。

ポイント No. 25 ▶ スタンドスピン
フリーレッグを高く上げて強い回転力を得る

> **コレができる** フリーレッグを動かすときに回転軸のぶれ、回転の減速を避ける

スピン中のフリーレッグに変化をつける

アップライトスピンの体勢から、フリーレッグのヒザを曲げて、スケーティングレッグに添える。回転中にフリーレッグを動かすため、回転軸がぶれやすい。しかし、バランスを失うことを恐れるあまり遠心力を避けてしまうと、回転速度が落ちる。スピンの**スピードを落とさず**に、フリーレッグを高く持ち上げるためのヒザの動かし方を覚える。また、上体も軸足と同じように垂直に回転軸を保ち、体全体で氷を強く押して回転力を上げる。

効くツボ
1. ヒザを上げながら寄せる
2. モモを70度まで上げる
3. 上体を引き上げる

多彩なスピンをマスター

効くツボ 1

フリーレッグはヒザの位置を上げながら寄せる

フリーレッグは、アップライトスピン同様に、大きく遠くから回すことで回転速度を生む。ただし、スタンドスピンではヒザを曲げるため、軸足に寄せるまでの負荷が強い。遠心力を抑えるためにヒザを上げると回転速度を殺ぐ。フリーレッグのヒザの位置は変えずに軸足へ引きつける。

効くツボ 2

フリーレッグは70度へ上げる

フリーレッグの足首は、スケーティングレッグのヒザにつける。モモは、アップライトスピンのままであれば氷面から45度で良いが、スタンドスピンでは、70度の位置まで上げると良い。フリーレッグを高い位置に保つことで、氷を押す力を強めて、回転力を上げる。

効くツボ 3

つま先側に重心を乗せて上体を引き上げる

回転軸を細く保つため、両腕は胸の前に置く。ただし、上体を締めようとして力が入り過ぎると、前傾して体全体が縮んでしまう。スケーティングレッグは、土踏まずのやや前方に重心を乗せ、ヒザを完全に伸ばす。上体も重心やヒザと一直線になるように、引き上げる意識を持つ。

やってみよう
フィニッシュまで美しく
腕を開いて安定感を強めながら速度を落とす。左足が軸足の場合、右足を着氷したら、左足は左斜め後方へ氷を押して伸ばし、流れるように後方へ滑走する。

できないときはここをチェック ☑
しっかりとスケーティングレッグに重心を乗せているか確認。両足の合間に重心を置くと、回転軸が太くなってしまい、安定しない。

65

ポイント No.26 ▶ クロスフットスピン
非滑走足のヒザをすりおろして最後まで回転力を保つ

> **コレができる** 体を上下に引き伸ばし、フリーレッグを高い位置から下ろして鋭い回転力を生む

片足を交差させて回転速度を上げる

　クロスフットスピンは、アップライトスピンの状態から、フリーレッグをスケーティングレッグのヒザの前で交差させ、フリーレッグを下げながら回転する。足をクロスすることで回転軸を細くまとめ、フリーレッグを**高い位置から下ろすことで強い回転力**を生む。ただし、遠心力を受けながらフリーレッグを動かすため軸が揺れやすく、ぶれると回転速度を失う。フリーレッグのヒザの位置に注意しながら、体を上下へ引き伸ばす。

効くツボ
1. 非滑走足で空気をつぶす
2. 上体を後ろへ引き上げる
3. 両ヒザの間隔を詰める

多彩なスピンをマスター

効くツボ 1

空気を押しつぶすように
フリーレッグを下げる

フリーレッグは回転後すぐには下げない。軸足のヒザより高い位置から、スケーティングレッグに沿わせながら、真下の空気をフリーレッグで押しつぶすようにして下ろす。ゆっくりと下ろしていくことによって、氷を押す力を持続させ、最後まで回転力を保つことができる。

効くツボ 2

上体を後傾させる意識で
引き上げる

アップライトスピンやスタンドスピンでは、上体を真上へ引き上げるが、クロスフットスピンでは、やや後ろに倒す意識で。フリーレッグのヒザを曲げるため腰から前傾しがち。特にフリーレッグのヒザを下ろすときに、つられることが多い。背筋に力を入れて後ろへ引っ張り上げる。

効くツボ 3

ヒザのすき間を消す

フリーレッグは、ヒザの側面をスケーティングレッグに近づける。遠心力がかかるため難しいが、内転筋に力を入れて対応する。フリーレッグを下ろしていき、ヒザが伸びたときに、両足のヒザにすき間が見えると美しくない。足首だけでなく、ヒザもスケーティングレッグに沿わせる。

やってみよう
両腕を上げて回ってみよう

両腕を真上に上げて回ってみよう。両手を胸の前に引き寄せて回転を始めたら、フリーレッグを下ろしていくのと同時に両腕を真上へ伸ばす。腕は耳の横へつける。

できないときはここをチェック ☑

アップライトスピンの体勢で、フリーレッグを高く上げる。遠心力を受けコントロールが難しくなるが、軸足まで寄せられればもう一歩だ。

67

ポイント No.27 ▶ バックスクラッチスピン
フリーレッグの動きを止めて回転力をコントロールする

コレができる フリーレッグのコントロールで回転の速度不足、制御不能(せいぎょふのう)を防ぐ

フリーレッグで回転の入りと終わりをコントロールする

　バックスクラッチスピンは、スタンドスピンとは反対に右足を回転軸(かいてんじく)とする。軸足を着氷してインエッジからアウトエッジへと切(き)り替(か)えるが、フリーレッグが流れやすく、上体が足より先に回転動作へ入りがち。回転力につながる腰(こし)のひねりを生み出すことが難しくなる。また、回転を止めるときは回転軸を太くして減速するが、これも**フリーレッグの動かし方がカギ**となる。スピンの入りと終わりのフリーレッグの使い方を覚える。

効くツボ
1. ワンフットでスピンに入る
2. 回転前に非滑走足(ひかっそうそく)を止める
3. 非滑走足を上げて回転制御(かいてんせいぎょ)

多彩なスピンをマスター

効くツボ 1

ワンフットでスピンに入る

右足滑走の場合、右のフォアインからバックアウトへ切り替える。また、このときに、フリーレッグ（左足）は、氷を押し切ったら氷から離し、浮かせたままワンフットで回転動作に入る。瞬間的にフリーレッグを氷にすらせてしまいがちだが、ブレーキがかかってしまうので避ける。

効くツボ 2

回転前にフリーレッグを止める

スケーティングレッグのエッジ操作で滑走する。フォアインのとき、上体と下半身をひねり、徐々に上体を開いて、右バックアウトに切り替えた瞬間にフリーレッグを固定し、壁のように用いる。フリーレッグの振りを止められないと、ひねりが効かずに回転力がつかない。

効くツボ 3

フリーレッグを上げてからランディングする

ランディング（回転動作から滑走へ戻る）するときは、フリーレッグのヒザを上方へ曲げる。回転軸を前後に太くすることでスピンの速度を落とし、体全体の動きを止める。そのまま、回転をストップさせて、スケーティングレッグのエッジに沿って後方へ引いて流れるように滑走する。

やってみよう

複数回転ジャンプの感覚

バックスクラッチスピンで、フリーレッグをスケーティングレッグにクロスさせ、氷面へ下ろしながら加速すると、複数回転のジャンプを行ったときの姿勢となるので、意識して覚えること。

できないときはここをチェック ☑

フリーレッグを軽く浮かせ、ワンフットの状態で、スケーティングレッグの回転までのエッジの切り替えを何度も練習しよう。

ポイント No.28 ▶ シットスピン
腰を落として上体を倒し
顔を上げて姿勢を維持する

> **コレができる** 滑走足のヒザと、上体の姿勢を覚えて回転軸の揺れない体勢を作る

前後にバランスを取って顔をしっかりと上げる

　シットスピンは、片足滑走でフリーレッグを前方へ出した状態でしゃがみ込んで回転する技。しゃがむときに、腰を落とさずに上体が前かがみになったり、重心が後方へ傾き過ぎてお尻から転んでしまったりしないように注意する。スケーティングレッグの**ヒザで後方へ、上体の姿勢で前方へバランスを取る**方法を覚える。また、フリーレッグは回転速度を上げる使い方、回転中に美しさを演出するポジションをマスターする。

効くツボ
1. 軸足のヒザを90度曲げる
2. 頭を首の後ろから起こす
3. 浮き足は遅らせ一気に寄せる

多彩なスピンをマスター

効くツボ 1

スケーティングレッグの
ヒザは90度

スケーティングレッグのヒザは90度が理想。しっかりと曲げて低い姿勢を取る。ただし、かがむときに重心が後方へ寄り過ぎると倒れる。背中を伸ばして、腹を内側へ引き込み、太モモに付くように上体を前方へ倒してバランスを取る。フリーレッグのヒザは曲げないように気を付ける。

効くツボ 2

頭を首の後ろから
吊られるように起こす

顔を少し上げる。視線を落として上体を前方へ曲げてしまうと、遠心力を避けることができるが、美しさを欠く。アゴだけを上げるのではなく、首の後ろから吊られるように頭を起こし、後頭部と背中が直線上に並ぶように意識する。背中はカーブに偏らず、平らに伸ばす。

効くツボ 3

フリーレッグは溜めてから
一気に引きつける

フリーレッグは、回転に入る前に動きを止めて、スケーティングレッグよりも遅れて回転に入るように溜めを作り、しゃがみ込むと同時に一気に引きつける。フリーレッグが斜め前方へ来たときに、腰が浮かないように注意。太モモとヒザの内側をスケーティングレッグに付けて固定する。

やってみよう
バリエーションを増やす

腕やフリーレッグは、変化を付けることが可能。近年の国際競技会で見られる「キャノンボール」は、浮き足を軸足に絡ませて、上体を密着し、体全体を球状に見せるスピン。

できないときはここをチェック ☑

まずは、しゃがんだときの姿勢を覚える。はじめはスピンではなく、直線滑走中に姿勢を取るところから、練習しよう。

71

ポイント No.29 ▶ キャメルスピン
3点の回転順序をずらし ひねりを生んで回転力を上げる

> 💡 **コレができる** パーツごとに回転のタイミングをずらして、回転速度をキープする

腕、軸足、浮き足の回転順序でひねりを生む

　スパイラルと同じ姿勢を取って片足で回転するのが、キャメルスピン。空気抵抗を大きく受けるため、回転速度を上げるのが難しい。左腕、スケーティングレッグ、フリーレッグと体の部分ごとに**順序をつけて回転へ入る動作をずらし、**体の上下にひねりを生むことで、回転動作を行いながら速度を上げていく。また、回転姿勢でも体全体でT字の美しさを保ちながら、半身の姿勢を取って空気抵抗を避ける工夫を覚える。

効くツボ
1. 左腕で回転を誘導する
2. 非滑走足の回転を遅らせる
3. 半身で空気抵抗を避ける

多彩なスピンをマスター

効くツボ 1

左手で体を誘導し、左肩とスケーティングレッグを同時に回転

キャメルの姿勢に入るときは、左足が回転軸の場合、左手を前方に置いて体を回転動作へと誘導する。左肩とスケーティングレッグのつま先が、同じ角度で回転を始める。フリーレッグを上げるときに回転力が増すように、フリーレッグは後方へ残し、左腕とのギャップでひねりを作る。

効くツボ 2

ひねったフリーレッグを上げて回転を加速する

スケーティングレッグが回転動作に入るとき、フリーレッグは後方に残したまま、胸を張り、背中と氷面が平行になるように上体を前方へ倒す。フリーレッグは、スケーティングレッグが一周したところで氷面と平行になるように上げ、重心を完全に片足に乗せて回転速度を上げる。

効くツボ 3

左肩を下に傾けた半身の姿勢で空気抵抗を避ける

キャメルスピンは、空気抵抗を受けやすく速度を上げづらい。回転動作中、上体とフリーレッグは氷面と平行にするが、下向きの弧（右写真：右腕の先から首の後ろを通り左腕の先まで）を意識して左肩をやや下に傾けて半身とし、抵抗が逃げやすい姿勢を作る。視線は回転方向へ向ける。

やってみよう

ドーナツスピン

軸足を逆にしたキャメルの姿勢から、上体を横に起こし（左肩が上、右肩が下）、手でフリーレッグをつかむとドーナツスピン。真上から見て、上体、腕、フリーレッグが円状に連なる。

できないときはここをチェック ☑

回転に入る動作を焦らない。軸足で滑走を始めてから回転に入るまで、ループ（ターン）の大きな円と同じ大きさの円を描くことを心がける。

ポイント No.30 ▶ レイバックスピン
軸足から頭までを大きく ダイナミックに後方へ反らす

コレができる 腰から上の動きだけで飾るのでなく、大きく反って壮大に演技をする

体全体を反らせて、背中に大きな弧を描く

　スタンドスピンの状態から、背中を反って回転するのが、レイバックスピン。腰から上だけを反らせてしまいがちだが、スケールが小さくなってしまう。回転軸となる**スケーティングレッグから頭の頂点まで、大きな弧**を描く。フリーレッグは高い位置で保持しなければ美しさを欠くので、ヒザの位置を意識する。また、軸足とフリーレッグが別の弧を描くためバランスを失いやすい。回転に入るときから肩の位置を調整して対応する。

効くツボ
1. お尻を回転軸側に締める
2. 両肩は氷と平行に保つ
3. 非滑走足のヒザを高く保つ

多彩なスピンをマスター

効くツボ 1

お尻を回転軸側（内側）へ入れる

背中だけ、あるいは肩だけを背中側へ反るのではなく、お尻を軸足に近づけるように回転の内側へ入れ、上体を腰から大きく反らす。スケーティングレッグから頭の頂点までが大きな曲線を描く技だが、お尻が回転の外側に残っていると、曲線の途中が盛り上がってしまい、美しさを欠く。

効くツボ 2

フリーレッグと反対側の肩を意識的に下げる

上体がフリーレッグ側に傾きがちになるので注意する。（左足を軸足とする左回りの場合は）左肩を意識して下げながら上体を反り、できるだけ両肩を氷面と平行に保つように意識する。背中側の景色が見えるまで上体を反り、真上よりやや背中側の天井の一点を見て回転する。

効くツボ 3

フリーレッグのヒザを上げる

フリーレッグは、スケーティングレッグから離して回転する。太モモが付かないように注意。バレエのアティテュードの姿勢を取る。フリーレッグのヒザの位置が落ちやすいので注意。意識して高い位置に保ち、ヒザ下が氷面と平行になるようにヒザを曲げて姿勢をキープする。

やってみよう
フリーレッグをつかむ
高い柔軟性が必要となるが、フリーレッグを同じサイドの手でつかむと、キャッチフットレイバックスピンとなり、より高い評価を得ることができるので、挑戦してみよう。

できないときはここをチェック ☑
回転軸がゆがんでしまう場合は、左股関節の上に重心があるかを確認する。また、天井を見るために恐怖心が生まれるが、体を硬直させない。

75

ポイント No.31 ▶ 足換えシットスピン

軸足の我慢と押しで
回転力を落とさずに足を換える

> **コレができる** 軸足のヒザで足換え動作によるスピードダウンやよろめきを防ぐ

軸足のヒザは、曲げてこらえて、押して離す

　スピンの判定レベル（評価）を高める方法の一つが、足換えスピン。利き足にかかわらず、どちらの足でも回転できなければならない。ここでは、代表的な例としてシットスピンの足換えを紹介する。注意点は、**スピードダウンを防ぐ**ことと、軸足の変更で**よろめかない**こと。腰の位置を変えずに、足換え前のスケーティングレッグを、ヒザを曲げたまま直前までこらえ、氷をしっかりと押して離すことで、両方の課題をクリアする。

効くツボ
1. 腰の位置を変えない
2. 軸足は氷を押して離す
3. 新しい軸足は真横の少し前

76

多彩なスピンをマスター

効くツボ 1

軸足を曲げたままキープし、腰の位置を変えない

シットスピンで軸足を換える場合、フリーレッグを引き寄せるときに、立ち上がるように腰を起こしてしまいがちだが、腰の位置を変えてはいけない。可能な限り軸足を曲げた状態をキープしながら、スケーティングレッグを軸足に近づけて着氷させて、重心を乗せ換える。

効くツボ 2

軸足のバックインエッジで氷を押して足を換える

フリーレッグを着氷させるときに、単純に軸足を置き換えるだけでは、スピンの速度が落ちてしまう。フリーレッグを軸足に近付けたら、着氷させると同時に、スケーティングレッグはバックインエッジで氷をしっかりと押してから離し、足換え後のスピンに勢いを与える。

効くツボ 3

新しい軸足は真横より少し前に置く

新しい軸足となるフリーレッグは、軸足の真横より少し前に着氷させる。このときに両足の幅がある方が、スケーティングレッグは氷を押しやすいが、回転する場所が変わってしまうため、できるだけ両足の幅は狭くする。瞬間的に重心が左右へ動くときのぐらつきの軽減も兼ねる。

やってみよう
キャメルスピンでも足換えに挑戦

シットスピンのほかにキャメルスピンも、足換え動作を行うコンビネーションスピンによく用いられる技。軸足のヒザは伸ばしたままとなるが、換えるときに押して離すポイントは同じ。

できないときはここをチェック ✓

陸上で足換え動作を行い、できる限り軸足を曲げたまま、フリーレッグを近づける感覚を覚えよう。腰の位置も忘れずにチェックする。

77

ポイント No.32 ▶ コンビネーションスピン

ヒザの屈伸と上体のひねりで回転速度を変えずに姿勢を変化

> **コレができる** 足換え動作を含む3つのポジションチェンジを完全マスターする

ヒザの屈伸とフリーレッグの振り込みで速度を保つ

基本的なスピンを覚えたら、スピンから別のスピンへの**ポジションチェンジ**へとつなぎ、さらに軸足を変える**コンビネーションスピン**を覚える。ここでは、キャメルからシット、シットからレイバック、レイバックから足換えシットの連続技をそれぞれ区切って紹介する。いずれも、回転軸のぶれを最小限にとどめ、軸足のヒザの屈伸と、フリーレッグの振り込み、そして上体のひねりで足換え後の回転速度を上げていく。

効くツボ
1. わき腹から引きつけシット
2. らせん状に立ち上げる
3. 腕を前後にし、上体をひねる

多彩なスピンをマスター

効くツボ 1

キャメルからシット
一気にフリーレッグを引きつける

キャメルからシットへとつなぐ。フリーレッグは軸足の回転より遅らせ、遠くから大きく横を通り前方へ回す。振り込む距離を稼ぐためにすぐには下ろさず、わき腹を過ぎたら、最短距離で一気に引きつけて回転力を上げる。上体は、キャメルの姿勢で倒したまま起こすことなく保持する。

効くツボ 2

シットからレイバック
上体をらせん状に立ち上げる

シットからレイバックへとつなぐ。軸足のヒザを伸ばして立ち上がるときに、重心は変えず、上体を前方へ伸ばしていく。ヒザを伸ばしてからレイバックへ移行するのではなく、上体をらせん状に立ち上げる。お尻が軸足より後方にある状態から、回転軸の近くまで前へ押し出す。

効くツボ 3

レイバックから足換えシット
腕を前後にして上体をひねる

左足でのレイバックから足を換えてシットへつなぐ。反っている上体を起こすと同時に、フリーレッグを真横へ回す。左手を前方、右手を後方に置いて上体をひねりながら軸足のヒザを伸ばす。フリーレッグはヒザから上を固定し、軸足のやや前方に着氷して、ひねり戻して回転する。

やってみよう
上記3種類を連続で行う

レイバックからの足換えシットでは、新しい軸足を着氷した後、ひねり戻してバックアウトに乗るが、エッジが倒れ過ぎると回転軸が大きくなってポジション維持が難しくなるので注意。

できないときはここをチェック ✓

いくつものスピン技を連続すると、目が回ることは避けられない。自分の体質も頭に入れ、ある程度、立て直す時間を作りながら移行しよう。

79

知っているとひとつトクをする

常に美しく
練習から気をつける服・衣装の身だしなみ

**いかに美しく魅せるかが競技の醍醐味
身だしなみには細かく気配りを。**

---

1 体のラインが分かる服装
体にフィットした服で運動をしなければ、ヒザの曲がり具合などを見た目で判断することが難しくなってしまいます。

---

2 髪は短くまとめる
髪が長い場合は、短くまとまるように留めましょう。運動中に視界をさえぎったり、目に入ったりすると危険です。

---

3 タイツカバーはしっかりと留める
靴を覆うタイプのタイツカバーを着用する場合は、靴の裏で留める。留め金具がなければ安全ピンなどで留めます。

---

4 スカートは見えないところもチェック
衣装でスカートを着用する場合、下着がしっかりとタイツで隠れているか注意。ダンスパンツなどを代用するのも手です。

---

5 実演では口紅が効果的
スケートリンクでは温度が低いため、出番を待機している間に唇が青白くなってしまう場合があるので、口紅を用いるといいでしょう。

 練習中の服装はシンプルなものを

練習中の服装は、ケガの防止を兼ねて、なるべくシンプルなものを選びましょう。周囲からアドバイスを受けることを考えると、体のラインや動きが分かりやすい格好が良いでしょう。また、競技会については、肌の露出が過度に多いものや、長過ぎるスカートなどは好ましくありません。見る人に不快感を与えない衣装選びを心がけましょう。エキシビションなどとは違い、衣装についてのルールも存在します。国際スケート連盟が定める規則では、おへそが直接見えるもの(衣装から透けているものは可)は、規約違反の対象となるので注意してください。

PART 4

高さを生み、回転力を生かす

難解な
ジャンプを攻略

ジャンプは、もっとも見栄えのする派手な技だ。
滑走から踏み切り体勢に入って跳び上がる。
エッジ操作と体のひねりが成否のポイントを分ける。

ポイント No. 33 両足ジャンプ
真上へ引き上げる踏み切りで
空中で体を締める感覚を覚える…82

ポイント No. 34 片足振り上げ跳び
片足で高く跳び上がり
回転後の着氷姿勢に入る…84

ポイント No. 35 スリージャンプ
半身の姿勢で自然に半回転、
空中姿勢を作る余裕を持つ…86

ポイント No. 36 トウループ
トウをつく反発力に頼らず
真上へ跳んでコンパクトに回転…88

ポイント No. 37 サルコウ
踏み切りを限界まで待って
滑走カーブ上で回転する…90

ポイント No. 38 ループ（ジャンプ）
十分なひねりで上へゆっくり
踏み切りを遅らせて回転力を増す…92

ポイント No. 39 フリップ
助走を軌道から外して
遠心力に負けず踏み切り足をおく…94

ポイント No. 40 ルッツ
トウが離氷するのを待って
確実にアウトエッジで踏み切る…96

ポイント No. 41 アクセル
前方へ足を振り出して
体を巻きつけて回転する…98

ポイント No. 42 コンビネーションジャンプ
一呼吸ついて焦らず待って
トウループ、ループへつなげる…100

ポイント No. **33** ▶ 両足ジャンプ

真上へ引き上げる踏み切りで
空中で体を締める感覚を覚える

コレができる 跳び上がったら空中姿勢で体を締めて、ジャンプの回転軸を作る

全身を使った高い跳躍で体を真上へ引き上げる

ジャンプ技の基礎を覚える。両足で直線上に滑走し、途中で跳び上がって着氷する。単純な動作だが、**助走・跳躍・空中姿勢の要点**を押さえる。助走ではスケーティングレッグのヒザを曲げるタイミングと、腕のスイングのタイミングを合わせ、足だけでなく全身動作を意識。踏み切りでは、腕を下から上へ持ち上げて、前方ではなく上方へと体を引き上げる感覚。空中姿勢では脚を閉じて体を締め、回転軸を細くまとめる感覚を身につける。

効くツボ
1. 屈伸と腕の振りを合わせる
2. 体を真上に引き上げる
3. 高く跳び空中で閉脚する

難解なジャンプを攻略

効くツボ 1

ヒザの伸ばしと腕の振りの
タイミングを合わせる

両足で均等になるように、体の中心に重心を置く。両ヒザを曲げ、両腕を後ろに引く。勢いをつける必要はないが、ヒザを伸ばして跳び上がりながら前方へ振る。ジャンプをしたときや着氷のときに、どちらか片方の足に寄ってはいけない。ヒザの屈伸と腕を振るタイミングを覚える。

効くツボ 2

腕を胸の前で交差して、
体を真上に引き上げる

ジャンプをするとき、腕はワキを開かずに胸の横を通して前方へ振り、胸の前まで持って来て交差する。腕を後ろから下を通して上へと振り、体を真上へ引き上げる感覚を身につける。跳び上がったときに生まれる力が前方へ逃げてしまうと、後ろに空中姿勢で回転できなくなる。

効くツボ 3

高く跳び上がり、
空中で脚を締める

ジャンプをする前は、両足を肩幅に開く。間隔が近すぎるとエッジがフラットではなくアウトに乗ってしまうが、間隔を開け過ぎても体を上へ引き上げられない。ジャンプしたら、左右のスケート靴が空中で当たるように両脚を締めること。真上へ高く跳び上がる感覚を覚える。

やってみよう
速度と高さを増す

慣れてきたら、滑走速度と跳躍の高さを上げてみよう。高く跳び上がるほど、着氷では足に大きな負担がかかってぶれやすくなる。真上へ跳び上がることの重要性をしっかり認識する。

できないときはここをチェック ☑

他者に滑走状態を正面から見てもらうと良い。どちらの足に重心が偏っているのかを認識し、意図して修正に取り組めるからだ。

83

ポイント No.34 ▶ 片足振り上げ跳び

片足で高く跳び上がり回転後の着氷姿勢に入る

> **コレができる** 回転前後の動作を意識して、上体やフリーレッグの使い方を覚える

ジャンプの原型をマスターする

　片足振り上げジャンプは、フリーレッグを大きく振り上げ、スケーティングレッグで高く跳び上がる。前向きに跳び上がるアクセルジャンプの予備動作であり、トゥループやサルコウ、ルッツなどトゥを付くジャンプの練習でもある。また、空中姿勢での回転を想定し、回転を止めながらのランディング（着氷）姿勢を取り、片足着氷への移行を強く意識する。実戦ジャンプの回転前後の動きにおける注意点をしっかりと覚える。

効くツボ
1. トウで急ブレーキをかける
2. 振り足を90度以上曲げる
3. 両腕は水平に伸ばして着氷

難解なジャンプを攻略

効くツボ 1

トウに重心を乗せる
急ブレーキで高く跳ぶ

スケーティングレッグは、ヒザを伸ばすと同時にトウに重心をかけて上方へ跳び上がる。スリージャンプやアクセルジャンプの予備動作でもあり、滞空時間を稼ぐことが大事。急ブレーキを踏んだ自動車の後輪が上がる光景をイメージし、前方への滑走力を、上方への跳躍力に変える。

効くツボ 2

フリーレッグはヒザが直角より
深く曲がる高さまで振り上げる

両腕とフリーレッグは、滑走中にしっかりと後ろに振る。ジャンプ動作では、同じタイミングで後方から前方へと振り子のように振る。スケーティングレッグのヒザが伸びる直前に真横を通過し、体の跳躍を誘導。フリーレッグはヒザが直角よりも少し曲がるくらいまで高く振り上げる。

効くツボ 3

両腕を水平に伸ばして
着氷する

着氷では、両腕を水平に伸ばす。左腕が真横より少し前、右手が真横の位置。後に空中姿勢で（左回りの）回転をするときに、回転力を止めるための姿勢。足はハの字気味に開いて両足で着氷し、ヒザを曲げる。跳び上がった状態から、ランディングの姿勢に入る感覚を覚える。

やってみよう
カーブ上で疑似アクセルジャンプ
直線滑走だけでなく、曲線滑走でも挑戦。右肩を少し引いて、やや半身の構えから跳躍すれば、よりアクセルジャンプに近い感覚を身につけることができる。

できないときはここをチェック ☑
高く跳び上がることばかり意識すると、着氷がおろそかになる。まずは、片足滑走のままフリーレッグを振り上げて全体の流れを意識しよう。

ポイント No.35 ▶ スリージャンプ

半身の姿勢で自然に半回転、空中姿勢を作る余裕を持つ

> **コレができる** 自然と回転力が生まれる助走と踏み切りを覚え、空中姿勢に余裕を生む

左足で踏み切って右足で着氷、空中で半回転する

　片足滑走からフリーレッグを振り上げて踏み切り、逆足で着氷する。アクセルジャンプの原型にあたる。真上から見たときに「3」の字のくびれで半回転する形となる。左足のフォアアウトエッジから跳び上がって、右足のバックアウトエッジで降りる。カーブを使うため**自然と半回転する**ので、上体はカーブに向け過ぎない。右肩を回すのでなく、左肩を引く意識を持つ。回転よりも空中姿勢や着氷をしっかりと注意する。

効くツボ
1. 上体を半身に開いて助走
2. 滑走足はハッキリと屈伸
3. 回転よりも空中姿勢を意識

難解なジャンプを攻略

効くツボ 1

上体をカーブの外側へ開いて助走する

踏み切り前、上体は進行方向よりもカーブの外側を向く。左回りで回転する場合、右の肩がカーブへ入り込まないように意識する。フリーレッグはカーブ上に置き、上体と下半身をひねった状態で助走する。腕を上方へ引き上げ、踏み切りながら半回転。踏み切り足と反対の足で着氷する。

効くツボ 2

滑走足のヒザを屈伸させて跳躍する

スケーティングレッグは「曲げて・開いて・曲げる」。助走では、しっかりとヒザを曲げる。踏み切ったら、ヒザを伸ばした状態で開脚して大の字になり、フリーレッグで着氷する。足を換えた後のスケーティングレッグは、着氷の衝撃を和らげながら、ヒザを曲げて滑走に戻る。

効くツボ 3

空中では回転よりも姿勢を意識する

踏み切り後、回転することを意識し過ぎると、着氷体勢への移行が早くなり、空中で姿勢を取る余裕がなくなってしまう。カーブをしっかりと描いて踏み切れば自然と半回転する。回転よりも、両脚のヒザを伸ばす空中姿勢から、両腕を水平に伸ばして着氷へ移ることを意識する。

やってみよう
長い助走でやってみる

慣れてきたら、長い助走でスピードを出して挑戦してみよう。跳び上がった後、勢いに負けてしまうと「3」の字にならない。前方への力を、上方へと変えていく。

できないときはここをチェック ☑

逆足での片足着氷となるため、顔が下を向いて着氷地点を見てしまいがちだが、顔を上げてしっかりと前方へ視線を向ける。

ポイント No.36 ▶ トウループ

トウをつく反発力に頼らず
真上へ跳んでコンパクトに回転

コレができる カーブの回転力を生かし、反発力に頼る不安定な回転を避ける

トウをカカト方向へ「下ろして引く」着氷で小さく回転

　右足バック滑走で左足のトウをついて跳び上がり、1回転して右足で着氷。踏み切りに高さが生まれやすく、エッジが描くカーブと同じ軌道のため回転しやすい。国際競技会で認定されるジャンプでは、最も難度が低い。フリーレッグを遠くから引きつけるが、突き立てて反発力を得るのではなく、**カーブが生む回転力を生かす**ように着氷させて、コンパクトに回転する。エッジが右に偏ると、複数回転の踏み切りが難しくなるので注意する。

効くツボ
1. トウを垂直に下ろす
2. 右肩を固定して回転開始
3. トウをカーブ上に着氷する

難解なジャンプを攻略

効くツボ 1

フリーレッグは「大根を切る包丁のように」下ろす

フリーレッグは、後方へ伸ばして遠くから踏み切り地点へ引きつけることで上昇力を生む。氷へ突き立てるというよりは、大根を切る包丁（助走足が大根を押さえる手、踏み切り足が包丁）のように垂直に「下ろす」イメージで着氷する。右に倒してしまいがちなので注意する。

効くツボ 2

右肩を固定して左横を向くように回転を始める

助走足は、しっかりとヒザを曲げて滑走しないと、踏み切りの高さが不足する。左足のトウを着氷させたら、両脚のヒザを伸ばして上方へ体を引き上げる。真上へ上がるイメージで、トウをついた脚を回転軸として（後ろ向きの状態で）、右肩を固定して左横を向くように回転を始める。

効くツボ 3

トウをカーブ上に着氷させる

トウを着氷する位置は、滑走足が描くカーブ上の遠い位置。足の間隔を広げ、高く跳躍して滞空時間を稼ぐ。カーブの外側に出てしまうと、助走足のつま先が回転を先回りしてしまう。前向きで踏み切るトウアクセルジャンプとなり、正しいトウループとして認定されない。

やってみよう
連続ジャンプに挑戦

トウループは、ループと並んで「連続ジャンプ」の二つ目によく用いられるジャンプだ。このトウループを連続で跳んでみよう。注意点は「連続ジャンプ」の項目を参照すること。

できないときはここをチェック ☑

助走となる右バックアウトには、右フォアインからのモホークターンか、右フォアインからのスリーターンで入ると、より回転力の補助が得られる。

89

ポイント No.37 ▶ サルコウ
踏み切りを限界まで待って滑走カーブ上で回転する

コレができる 回転をロスしない踏み切りを覚え、複数回転への挑戦を可能にする

背筋を伸ばして、着氷足の離氷を待って踏み切る

　サルコウは、左足のバックインサイドエッジで踏み切る。バック滑走でスピードを出すことが可能で、滑走で描くカーブの向きへの回転のため、勢いをつけやすい。ただし、背中側から体の正面へ引き上げるフリーレッグを勢いで回してしまうと、反動を受けて踏み切った体が正規のカーブの外にはみ出してしまうので注意。上体をしっかりと起こして固定する。複数回転への挑戦を視野に入れ、**回転力を生かす踏み切り**を覚える。

 効くツボ
1. 踏み切る前に上体を起こす
2. カーブ上に体を残して跳躍
3. 着氷足を離して踏み切る

90

難解なジャンプを攻略

効くツボ 1
踏み切り前に上体を起こす

ジャンプを踏み切る前に、上体はしっかりと起こす。前かがみになりやすいので注意する。両腕で胸の前に大きなボールを抱えているイメージを持つとよい。視線も下へ落とさずに前方へ向ける。上体が前傾すると、回転軸が太くなるため、跳躍に高さがなくなる。

効くツボ 2
カーブ上に体を残して踏み切る

踏み切る瞬間は、スケーティングレッグが描いたカーブの延長線上に体を残すことを意識。体が開いてカーブの外へ突き抜けないように注意する。踏み切り後は、スリージャンプと同じく、右足のモモを真上へ振り上げ、両足のヒザを伸ばした体勢で回転し、右足での片足着氷へ移行する。

効くツボ 3
右足が氷を離れるまで踏み切りを待つ

右足は後ろへ引き、左足のヒザを曲げて少しずつ右足が前へ出てきたら、右足を氷から離してから、左足を踏み切る。左フォアに重心を乗せないと回転力をロスする。正しく踏み切ると、わずかにフォアのトレース（軌跡）が残る。始めから右足を氷に着けずに跳ぶ方法もある。

やってみよう
2回転ジャンプに挑戦

サルコウは、エッジを着くジャンプで、難易度は低い。2回転ジャンプにも積極的に挑戦しよう。ただし、勢いをつけようと基礎を崩してはいけない。踏み切り方をしっかりと覚える。

できないときはここをチェック ✓
回転をつけやすいために、上体を先に回そうとするなど、踏み切りを邪魔する動きをしていないか。焦らず、じっくりと体勢を作って跳ぼう。

91

ポイント No.38 ▶ ループ（ジャンプ）

十分なひねりで上へゆっくり
踏み切りを遅らせて回転力を増す

> **コレができる** 踏み切るまでは下半身で、踏み切ったあとは上半身で速度を生み出す

**ゆっくりとヒザを屈伸して
大きなひねりを最大限に生かす**

　ループ（ジャンプ）は、右バックアウトエッジで踏み切って回転する。サルコウと同様にカーブと同じ方向への回転となる。**上半身を大きくひねり、じっくりとした踏み切りで反動を上昇力に**変えることが大切。助走の段階で上半身を回転とは反対方向にひねっておき、スケーティングレッグのヒザの屈伸をゆっくりと行って跳び上がる。空中では、バックスクラッチスピンと同じ体勢になり、体をひねり戻して回転する。

効くツボ
1. ヒザの屈伸はゆっくり行う
2. 非滑走足を前に組んで助走
3. 肩を回さず足下から回転

難解なジャンプを攻略

効くツボ 1
ヒザをゆっくりと伸ばして踏み切りを遅らせる

スケーティングレッグは、イスに腰掛けるように踏み込む。ヒザをゆっくりと曲げ伸ばしして踏み切る。ダウン、アップのタイミングが早いと、うまく力が伝わらずにジャンプが抜けてしまう。フリーレッグを引き上げて左へ回転しながら跳び上がる。踏み切りはできるだけ遅らせる。

効くツボ 2
フリーレッグは足を組んだ状態から下ろす

フリーレッグは、助走中、スケーティングレッグの前に置き、足を組むようにクロスさせておく。徐々に上体の真下へと下ろしていき、着氷する。両足が着氷した状態から右足で踏み切るためにヒザと足首を曲げて、フリーレッグのモモを上げて左回りに回転しながら跳び上がる。

効くツボ 3
左肩で先行せずに上体は固定し足下から回転する

左腕を前にして上体を右へひねった状態で助走。跳び上がったら、「足下から回る」イメージで、エッジの動きに合わせて上体も回転させる。両肩と腰のラインのスクエアは一体化させて動かす。左肩だけが先行しないように注意。踏み切り後、両腕を胸の前でたたみ、コンパクトに回る。

やってみよう
連続ジャンプに挑戦する

ループは、2連続あるいは3連続ジャンプの二つ目、三つ目のジャンプとして用いられる。右足で踏み切り、右足で着氷。ヒザの屈伸を生かして、連続で行ってみよう。

できないときはここをチェック ☑
左足は、助走中からランディング（着氷）まで、常に体の正面に置く。カーブや回転の遠心力に負けて横や後方へ回っていないか注意する。

ポイント No.39 ▶ フリップ

助走を軌道から外して遠心力に負けず踏み切り足をおく

> 💡 **コレができる** 遠心力に負けて体が傾くのを避け、上昇力・回転力のロスを防ぐ

助走をカーブの外へ外して踏み切り足を正しく置く

　フリーレッグのトウをカーブの内側へついて踏み切る。エッジは、しっかりと**インサイドに倒す**。踏み切る直前にアウトエッジに乗ってしまうと、正しい技として認定されない。滑走足から遠い場所へ着けば滞空時間を稼げるが、カーブ上でなければ遠心力に負けて回転軸が太くなってしまうので注意。体を外側へずらす助走、**左足の引きつけ方**を覚える。また、回転を焦ると上体が足より先に回転してしまうため、右腕を上げて軽減する。

> **効くツボ**
> 1. 右足をカーブの外へ外す
> 2. 左足の引きつけを待つ
> 3. 左足を引きつけて軸を細く

難解なジャンプを攻略

効くツボ 1

右足をカーブの外へ走らせて踏み切り足をカーブ上へ置く

踏み切るときは、滑走足のエッジをインに倒さなければならないが、踏み切り足に重心を乗せるときに、遠心力に負けてインへ振り回されてしまいがち。フォアからモホークでバックの助走に入る場合、右足をカーブの外へ走らせると、踏み切り足をカーブ上へ素直に置きやすい。

効くツボ 2

右腕の回転を抑えて左足の引きつけを待ってから回転

カーブの内側へトウをつくため、回転を焦ると右腕をボクシングのアッパーカットのようにすくい、上体が先回りしてしまうので、右腕はあらかじめ少し上げて軽減する。また、トウをついたら「横向きに回る」のではなく、「左足が体に引きつけられるのを待つ」意識で回転を焦らない。

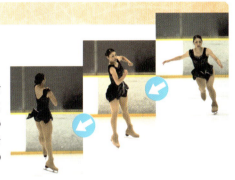

効くツボ 3

複数回転では左足を意識的に引きつけて回転軸を細くする

右足のトウをつくとき、1回転であれば左足は引きつけられるのを「待つ」が、複数回転をする場合には、左足の内転筋に力を入れてやや意識的に引きつける。素早く引きつけることで回転軸が太い状態を避ける。ただし、1回転同様、引きつけるより早く上体を回さないように注意。

やってみよう
2種類の助走にトライ

ジャンプの体勢に入る助走は2種類ある。一つは、右フォアインからのモホーク。もう一つは左フォアアウトからのスリーターン。片方でマスターしたら、もう一方にも挑戦してみよう。

できないときはここをチェック ✓

フリップとルッツは、トウループとは違い、右足のトウをつく。はじめは、半回転の練習を繰り返し、右足の感覚に慣れる。

ポイント No.40 ▶ ルッツ
トウが離氷するのを待って確実にアウトエッジで踏み切る

> **コレができる**　「上体、トウの離氷、滑走足のヒザ」でインエッジに乗るミスを防ぐ

短い助走からでもしっかりとアウトエッジに乗ってジャンプする

　トウをついて踏み切るジャンプの中で、最も難度の高い技。助走で描くカーブとは反対回りで回転するため、「S」を左右逆にしたような軌道となる。世界のトップレベルでも踏み切るときのエッジをインサイドに倒すミスが目立つ。回転を急ぐとインエッジで踏み切ってしまったり、ジャンプが抜けて回転できなくなるので要注意。上体をカーブへとひねったまま、トウをついても**氷を離れるまで保って**、反動を得る。

> **効くツボ**
> 1. ヒザをゆっくりダウン
> 2. トウが氷を離れてから回転
> 3. ステップで助走を短く

難解なジャンプを攻略

効くツボ 1

ヒザのダウンをゆっくり行う

助走では、スケーティングレッグのヒザをしっかりと曲げて重心をバックアウトに乗せる。回転方向と同じ向きとなるインサイドに倒してしまいやすい。また、ヒザのダウン（曲げていく動作）が短いと、トウをつくタイミングが合わずに、ジャンプが抜けてしまうので注意する。

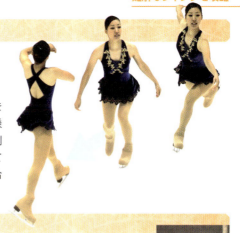

効くツボ 2

上体の回転はトウが氷を離れてから行う

上体は、トウをつくまでは回転とは逆方向（左腕が前、右腕が後ろ）にひねったまま滑走。後方へ引き切ったフリーレッグを下ろし、着氷したトウが氷から離れると同時に、左肩を引いて上体を足とともに回転。トウを離す前から回転を意識するとインエッジに乗ってしまいがち。

効くツボ 3

ステップからジャンプ体勢に入る

アウトエッジにしっかりと乗るため助走を長く行いがちだが、同じカーブを描くステップの連続からジャンプ動作に入り、助走を短くする方法もある。左フォアインからモホークターンで右バックインへ切り替え、そのときに滑走足である右足の前に左足を置いてバックアウトに乗る。

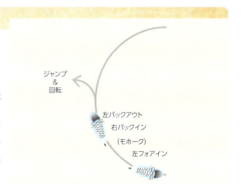

やってみよう
着氷姿勢を整える

跳んだ後もしっかりとケアしよう。両腕を胸の前から氷面に水平な状態へ開きながら、右バックアウトで降りる。滑走足はヒザを曲げ、フリーレッグは後ろに美しく伸ばそう。

できないときはここをチェック ☑

本来は、右バックアウトで着氷するが、はじめは両足で着氷する半回転のジャンプで練習し、エッジの操作を覚えていこう。

ポイント No. **41** ▶ **アクセル**

前方へ足を振り出して体を巻きつけて回転する

> **コレができる** 腕とフリーレッグのスイングを利用して、高さと回転力を生み出す

前方へ振り出した手足を生かして回転力につなげる

　国際競技会で認定されるジャンプで唯一、前向きに踏み切るのがアクセル。前向きで跳び、後ろ向きで降りるために1回転半となる、最も難度の高い技。他のジャンプよりも半回転多く回らなければならないので、高さと回転力が必要となる。ただし、回転動作への移行が早いと、遠心力に振り回されて跳躍の高さが失われてしまう。フリーレッグを前方へ振り出したら、**モモを高く引き上げて**重心を乗せ、体を巻きつけるようにして回転する。

効くツボ
1. 踏み切り足をカーブの外へ
2. モモを上げて引きつける
3. 右腕に体を引きつける

難解なジャンプを攻略

効くツボ 1

踏み切り足を
カーブの外へ走らせる

フォア滑走からモホークなどのターンで右バックアウトに乗り、踏み切り足となる左フォアアウトへ踏み込む。このときに、左足はバックアウトで描いたカーブの延長線の少し外へ滑らせる。カーブ上や内側に入ってしまうと、遠心力が強くなり、踏み切る前に体が回転してしまう。

効くツボ 2

フリーレッグは階段を上がる
ようにモモを上げて引きつける

スケーティングレッグは、跳び上がるときにカカトから離氷させる。最後はトウだけが接氷している状態から踏み切る。フリーレッグは、スケーティングレッグに巻きつけることなく、前方へ真っ直ぐ振り上げ、回転しながら「階段を上るように」モモをより高く上げて、体へ引きつける。

効くツボ 3

半身で跳び、
右腕に体を引きつける

踏み切りは半身に構えて跳ぶ。右足と右腕は前方へ振り出し、左手は右肩の前に持って来る。振り出した方向にバックスクラッチの姿勢を取り、回転軸を作る。右腕に体を引きつける意識で回転。ランディング（着氷）の姿勢が乱れるのを防ぐため、腕は体の中心より右にまとめるとよい。

やってみよう
助走スピードを上げる

複数回転に挑戦するためには、1回転半でしっかりと安定した跳躍ができなければならない。助走スピードを上げて、ぶれやすいポイントを認識して修正しよう。

できないときはここをチェック ☑

まずは陸上で踏み切り練習をして、前方へ振り出すフリーレッグと右腕の使い方を覚えよう。跳び上がる前に回り始めていないかチェック。

ポイント No. **42** ▶ コンビネーションジャンプ

一呼吸ついて焦らず待って
トウループ、ループへつなげる

> 💡 **コレができる** 2つ目のジャンプへの移行で焦りをなくし、トウループやループへつなぐ

急ぐのは着氷体勢、降りたら焦らずにタイミングを図る

連続ジャンプは、主にトウループかループへとつなぐ技。1つ目のジャンプよりも助走スピードが落ちるため、跳躍力、回転力を強引に生み出そうとして焦りが生じるケースが多い。力を加えるのでなく、**力を損なわない姿勢や動作**が大切。1つ目のジャンプを降りるときに腕やフリーレッグを使って早めに着氷体勢へ入り、着氷したら、スケーティングレッグのヒザを曲げて次のジャンプのタイミングを待ち、回転軸をより細くまとめる。

効くツボ
1. 早めに着氷体勢に入る
2. 非滑走足で回転力を生かす
3. 焦らずにタイミングを待つ

難解なジャンプを攻略

効くツボ 1

早めの着氷体勢でトウループへつなげる

2つ目のジャンプでトウループを跳ぶ。1つ目のジャンプで回転をした直後に踏み切るため、振り回されやすく、トウをつく位置がカーブの内側へ入り、体（回転軸）も傾きやすい。1つ目のジャンプで少し早く腕を開いて着氷姿勢に入るように意識。右手を引き、腰を押さえる。

効くツボ 2

フリーレッグを前方へ振り出す着氷でループへつなげる

2つ目のジャンプでループを跳ぶ。空中姿勢から準備に入る。1つ目のジャンプの着氷でフリーレッグを後ろに引かず、着氷とともに前方へ振り出し回転力を利用して跳ぶ。スケーティングレッグのヒザが曲がったときに、回転力に負けてフリーレッグが横や後方へ回らないように。

効くツボ 3

ジャンプの合間は焦らずに踏み切りのタイミングを待つ

1つ目のジャンプを跳んだら焦らずに、2つ目のジャンプのポジションに移行。踏み切る前に回転を始めないように、スケーティングレッグのヒザをしっかり曲げ、落ち着いて踏み切りのタイミングを待つ。2つ目のジャンプは1つ目より高く上がり、細く回転するイメージで跳ぶ。

やってみよう
回転不足に陥っていないか確認

2つ目のジャンプを正面から見て、着氷するまでに意図した回数だけブレードが回転しているか確認してみよう。着氷してから回転しても回転不足の認定を受けてしまう。

できないときはここをチェック ☑

短い助走で勢いをつけずに、トウループやループを練習してみる。2つめのジャンプに、余裕を持つことができるようになる。

知っているとひとつトクをする

表情を磨く
曲に合った雰囲気を表現するイメージトレーニング

**フィギュアスケートは「魅せる」競技。
表情や仕草を磨き、振り付けに生かす。**

1　曲を知る
曲に込められたストーリーや感情を知ることが大切。映画や舞台を見て、仕草などを学びます。

2　普段から意識して顔を上げる
表情を見せるためには顔を上げる必要があります。普段から下ばかりを見ずに顔を上げる意識を持ちましょう。

3　曲をかけて鏡の前で表情を確認する
一つの曲の中でもテンポの違う場面があります。鏡の前で曲調に合った表情ができているか確認します。

4　リンクでも技の合間は表情に気を配る
表現力も技術と同様に練習から取り組まなければ、競技会などでは発揮できません。技と技のつなぎなどでは特に振り付けや表情に気を配って。

5　鏡で無意識の状態を確認する
普段から姿見（鏡）などで「特に注意していないとき」の姿勢や表情を知り、どのように意識すれば修正できるか覚えましょう。

 音楽との同調は欠かせない要素

技術、表現の両面で、なるべく曲をかけた状態で練習をしましょう。技術面では、無音時に比べてジャンプのタイミングなどが狂いやすい。スピードやスタミナが不足すると誤差が生じやすくなります。技に入る前に、曲のタイミングに合わせて調整をする癖をつけましょう。また、表現面でも、音楽との同調は欠かせない要素。動きをリズムに合わせるだけでなく、音楽に込められたストーリーや情感を、顔の表情はもとより、足先や手の指先の振り付けまで細やかに気を配って表現します。頭で考えなくても自然と振り付けができるように。

PART

5

オフアイスでもできる

美しさを支える
陸上トレーニング

関節の可動域を広げて、しなやかさを身につける。
また、ジャンプやスピンの回転をコントロールする、
腕の使い方を陸上トレーニングで覚えよう。

ポイント No.　ブリッジ
43
ブリッジの姿勢で
肩・腰・ヒザの柔軟性を鍛える…104

ポイント No.　前後開脚
44
腰の力を抜いた前後開脚で
股関節の可動域を広げる…106

ポイント No.　縄跳びと跳躍
45
上体を締めた空中姿勢を取り
ジャンプの回転を想定して跳ぶ…108

ポイント No.　足周りの強化
46
ゴムバンドとイスを使って
足先や脚の引き上げ動作を強化…110

ポイント No.　上体の運動
47
筋肉の弛緩のギャップを作る
上体のうねり、ひねり、締め…112

ポイント No.　腕・指の運動
48
腕の可動域と胴体動作を磨き
優雅でしなやかな動きを覚える…114

ポイント No.　ヒザの運動
49
ヒザの可動域を広げて
伸ばし方や上げ方を身につける…116

ポイント No.　バレエレッスン
50
立っているだけで美しい
バレエのポジションを身につける…118

ポイント No.43 ▶ ブリッジ
ブリッジの姿勢で肩・腰・ヒザの柔軟性を鍛える

> **コレができる** 上半身を締めながら、骨盤や肩、ヒザなどの関節を柔らかく使った姿勢を取る

体を反らして、ブリッジで柔軟性を磨く

手、足を床に着いて腰を反らす**ブリッジ**を応用して、骨盤や肩、ヒザなどの柔軟性を高める。寝た状態から、あるいは直立した状態からブリッジの姿勢を作る。さらに、ブリッジから直立した状態まで戻せれば、なおよい。体を反ることばかりに気を取られて、体の軸がゆがんだり、腰が反ってもヒザが曲がるなど一部だけに特化したりしてはいけない。**手や足に均等に体重を乗せるバランス感覚**を養う練習でもある。

効くツボ
1. 手と足の間隔を近づける
2. 片足を高く上げる
3. 寝た状態から起き上がる

美しさを支える陸上トレーニング

効くツボ 1

手と足の距離を近づけていく

直立した状態から両腕を上げて体全体を上方へ伸ばし、骨盤を前に押し出しながら、後方へ頭から反っていく。手が床に着いたら、視線は床へ。頭は着かず、足の裏は着けたまま、背中のアーチを崩さずに、手と足を動かして互いの距離を近づける。骨盤、ひざ、肩の柔軟性を高める。

効くツボ 2

片足を真っ直ぐに高く上げる

ブリッジの体勢から、片足を床から離して上げる。床に垂直となる角度まで上がるのが理想的。ヒザ下を上方から吊られるイメージで、ヒザ、足の甲を伸ばして、姿勢を3秒間以上キープする。脚を上げていくときに、体が左右にぶれやすい。しっかりと両手に均等に体重を乗せる。

効くツボ 3

寝た状態から起き上がる

床に寝た状態からブリッジの体勢を作る。ヒザを曲げて足の位置を手に近づけたら、上半身を締めて、腰が垂直に上がるように胸から起き上がる。最後に腕を伸ばして、足に近づける。体勢が整ったときに、ヒジやヒザを曲げていると、背中側に弧を描くことができない。

やってみよう
ブリッジから直立状態へ

直立状態からのブリッジをマスターしたら、元へ戻してみよう。レイバックスピンから上体を起こすのと似た感覚となる。柔軟性のほか、背筋なども必要となる。

できないときはここをチェック ☑

まずは寝た状態からのブリッジを目指す。仲間に支えてもらいながら体勢を作り、支えをなくしてから、できるだけ長く姿勢を維持しよう。

ポイント No. ▶ 前後開脚

腰の力を抜いた前後開脚で股関節の可動域を広げる

> **コレができる** 勢い任せや無理な姿勢を避けて、正しい順番で体を伸ばす感覚を覚える

股関節の可動域を広げ、脚を美しく見せる方向を覚える

　スパイラルやスピンでの姿勢を想定し、前後・左右の開脚で股関節の可動域を広げる。ビールマンの姿勢を取るためには必須の要素。上体は締めて、腰の力を抜き、ヒザや足の甲を伸ばしたまま**股関節の柔軟性**で開脚を行う。また、開脚状態から上体を前後へ曲げる。姿勢ばかり意識するのでなく、動作の順番にも注意。上げた腕や頭など、「折り曲げる部位の先端」ではなく**折り曲げる部位に近い場所**から曲げる（あるいは反る）。

効くツボ
1. 腰の力を抜き上体を起こす
2. 180度以上の開脚練習
3. 上体を前後に反らす

106

美しさを支える陸上トレーニング

効くツボ 1

腰の力を抜いて上体は起こす

直立した状態から片足を前方へ踏み出し、息を吐きながら腰の力を抜くようにして前後へ開脚していく。視線は落とさずに前方へ向け、背中がやや反るように上体を起こす。足の甲、ヒザは伸ばしたまま行う。重心は、体の中心よりもやや前方へかかっても良い。左右とも行う。

効くツボ 2

前足の下にマットを置いて 180度以上開脚する

通常の前後開脚ができるようになったら、180度以上の開脚も行う。前足を着く位置にマットなどを床との間に挟んで高さを調整。上体を腕の力で固定しないよう、腕は上げて姿勢をキープする。前足のヒザは曲げず、体の軸が左右にぶれないように、しっかりと姿勢を保持する。

効くツボ 3

上体を前後に反らす

前後開脚を行った状態から、上体を前後へ反らす。前方へ倒すときは、背中を丸めずに、ヒタイや頭ではなく、腹部を太モモにつけるようにして倒していく。左右開脚ができる場合には、上体を床に着けて両脚を後方へ抜いて、脚を伸ばしたまま平泳ぎをするように間隔を狭める。

やってみよう
左右開脚でつま先を上げる

前後の開脚ができるようになったら、左右開脚にも挑戦してみよう。両脚が一直線になるまで広げ、両足のつま先を上向きにしたままでキープできるまで柔軟性を高めよう。

できないときはここをチェック ✓

正座の状態から腰を上げ、つま先とヒザを立てて開脚。あるいは、直立した状態からヒザを曲げてイーグルの形を作り、股関節の可動域を広げる。

ポイント No.45 ▶ 縄跳びと跳躍

上体を締めた空中姿勢を取りジャンプの回転を想定して跳ぶ

> **コレができる** 上体をしっかりと締めて跳躍し、ぶれない回転を身につける

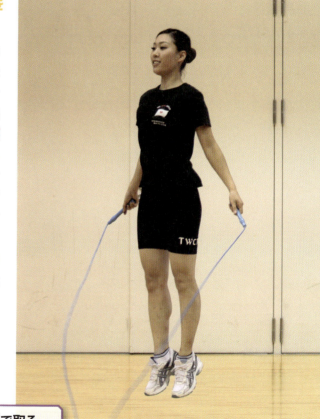

上体をしっかりと締めて跳躍運動を行い、ぶれない回転を身につける

　縄跳びを使い、踏み切りの練習を行う。主にジャンプを想定したメニューだが、フライングスピンなどにも効果的。**上体の筋肉を締め、「高く」跳ぶ**。二重跳びをするのは滞空時間を意図的に稼ぐため。また、左足を前にして両脚を交差させて、ジャンプにおける回転の予備動作を行う。そのほか、床や壁に目印を置いて、ジャンプの回転軸がぶれていないかどうかをチェック。踏み切りと回転を勢いに任せずコントロールする感覚を身につける。

効くツボ
1. 空中姿勢を長い間隔で取る
2. 左足を交差して回転を意識
3. その場跳びで回転練習

美しさを支える陸上トレーニング

効くツボ 1

二重跳びで空中姿勢を長く取る

ジャンプ技で空中姿勢を長く取るための練習として、縄跳びで二重跳びを行う。腹筋に力を入れ、背骨に向かって上体の筋肉を締める感覚を覚える。つま先（トウ）で床（実際には氷）を押す動作を意識。腰から下が前方へ出て「く」の字になるのでなく、垂直に高く跳び上がる。

効くツボ 2

左足を前へ交差させてスピンやジャンプの準備動作を意識する

左足を右足の前へ交差させて二重跳びを行う。左足を前方へ出すのは、左回りのスピンやジャンプでの回転に近い状態を作り出すため。両ヒザは間隔を空けず、屈伸をしっかりと行う。氷上では重いスケート靴を履くため高さを出せないので、陸上でできるだけ高く跳ぶ練習をする。

効くツボ 3

その場跳びでジャンプの回転練習を行う

床に目印を置き、その場で跳んで、その場に着地する。跳躍している間に、腕を胸の前で交差して半回転、1回転、2回転とジャンプを意識して空中で回転する。回転軸がずれると、着地場所がずれてしまう。可能であれば、床だけでなく前方の壁などにも目印を置くとよい。

やってみよう
足におもりをつけてジャンプ練習

氷上では重いスケート靴を履いてジャンプしなければならない。足におもりをつけて、氷上に近い感覚でジャンプの高さ、回転の精度を磨く。片足ジャンプにも挑戦してみよう。

できないときはここをチェック ✓

縄跳びが苦手で二重跳びが続けて行うことができない場合は、縄跳びの代わりに跳躍中に手を二度叩いてみる。ジャンプを想定して行う。

ポイント No.46 ▶ 足周りの強化
ゴムバンドとイスを使って足先や脚の引き上げ動作を強化

コレができる 足首の柔軟性を磨いて美しさを増し、ヒザの軌道練習でジャンプ技を強化する

足先の動きをしなやかにし、脚の引き上げ動作を練習する

　イスを用いて足先や足首の柔軟性を高める。スパイラルやステップでフリーレッグを美しく見せる重要なポイントとなる。また、ゴムバンドを用いて**ジャンプの踏み切りや着氷で必要となる足首の強さを磨く**。どちらも道具を使わずに実現できる範囲よりも、少し可動域を広げて負荷をかけるが、極端な動作はケガの元となるので注意。そのほか、ゴムバンドを用いたアクセルジャンプの練習法も紹介。モモを真上へ引き上げる動作を覚える。

効くツボ
1. 腰掛けて足の甲を伸ばす
2. 抵抗を作ってモモ上げ
3. ゴムバンドで足首を強化

美しさを支える陸上トレーニング

効くツボ 1
イスに腰掛けて足の甲を伸ばす

美しい姿勢を取るためには、足の先端まで意識しなければならない。足先をしっかりと伸ばすため、足首の柔軟性を鍛える。イスに腰掛けた状態で足の甲を伸ばし、指先を内側（手前側）へ寝かせていく。正座でも似たような姿勢を取ることができるが、足が太くなってしまうので避ける。

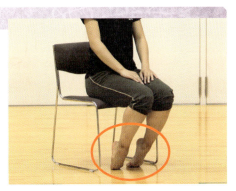

効くツボ 2
ゴムバンドで抵抗を作ってモモ上げ

ゴムバンドを用いて、モモを上げる練習を行う。主にアクセルジャンプを想定したトレーニング。後方から足の甲や足首、ヒザなどにゴムを引っかけた状態で、脚を前方へ振るのでなく、「ヒザを真っ直ぐ上に」直角になるまで振り上げる。モモを上半身へと引きつける感覚を身につける。

効くツボ 3
ゴムバンドで足首を強化する

片足で踏み切るジャンプ技は、足首の強さが必要となる。ゴムバンドを使って、足首を強化する。イスに腰掛けた状態、あるいは、床に座って足を前方へ伸ばした状態で、足の裏にゴムを引っかけて腕でゴムに抵抗を作る。そこから、ゴムを踏みつけるようにして、足首を前方へ倒す。

やってみよう
軸足ヒザの曲げ伸ばし

モモ上げでは、左足のヒザを曲げてアクセルジャンプの踏み切り姿勢を作り、右のモモを振り上げると同時に左ヒザを伸ばし、タイミングを合わせる練習を兼ねる。

できないときはここをチェック ✓
道具や場所などの条件が整わないときは、自宅で姿見（鏡）を利用してフォームをチェック。真っ直ぐ上げているつもりでゆがんでいることも。

ポイント No.47 ▶ 上体の運動
筋肉の弛緩のギャップを作る
上体のうねり、ひねり、締め

> **コレができる** 筋肉を和らげる蛇動、ひねりの感覚、緊張させて締める感覚を身につける

上体のひねりや蛇動、締める感覚を身につける

　上体と下半身のひねりは、あらゆる技で必要となる。また、ターンやスピン、ジャンプにおいては回転軸をしっかりと作るために、**上体を締めなければならない**。筋肉を締める「地蔵起こし」や、回転感覚を覚えるためのひねりの練習を行い、技の実現に必要となる要素を磨く。一方で、スパイラルなどでは上体の動きで表現するために柔らかさも必要。上体を脱力した状態で動かす蛇動トレーニングで、なめらかな動きの感覚を養う。

効くツボ
1. 背骨をS字に動かす蛇動
2. 体を締める「地蔵起こし」
3. 上半身のひねりの運動

美しさを支える陸上トレーニング

効くツボ 1

背骨をS字に動かす蛇動

動きになめらかさを出すための運動。直立した状態で両腕を前方へ出して、体全体を前後に波打つように蛇動する。背骨をS字に動かし、腰や頭も連動させる。全身の力を抜かなければ、足元から頭の先まで動きが伝わらず、連動性がなくなる。すべてのパーツが円運動を行う。

効くツボ 2

体を締める運動「地蔵起こし」

スピンやジャンプで必要となる「体を締める」ための運動。2人1組で行う。1人が床に寝た状態で、体を締める。腕は体側につけ、腹筋や背筋に力を入れ、筋肉を引き締める。もう1人は、寝ている相手の首の後ろに両手を回して持ち上げる。体を締めていないと、腰が曲がるので注意。

効くツボ 3

上半身を反転させる「ひねり」の運動

上体と下半身をひねるための運動。2人1組で背中合わせに立ち、足を肩幅に開いて固定する。接地面を離さず、ヒザは曲げない。互いが反対方向に上半身をひねり、手を合わせる。左右を交互に行い、繰り返す。上半身を反転するときに体の回転軸がぶれないように意識する。

やってみよう
側方への蛇動トレーニング

前後への蛇動を覚えたら、左右でもやってみよう。肩幅に足を開き、足もとからの波動を頭の先まで伝える。腕は体側か水平に伸ばした状態で行う。できるだけ大きく動くように意識する。

できないときはここをチェック ✓
鏡の前での回旋トレーニングも効果的。腰を固定して上体やヒザ、あるいは肩を固定してヒジなどパーツごとに単独で回す。

ポイント No.48 ▶腕・指の運動
腕の可動域と胴体動作を磨き
優雅でしなやかな動きを覚える

コレができる ジャンプでの腕の引き方、しなやかで繊細な指先や腕の運動を覚える

腕の引きとひねり、指先の繊細さを磨く

　腕は、フリーレッグとともに**体のバランスを保つ**ための重要なパーツ。回転を伴う運動では**スピードの調整**も担う。ここでは、ゴムバンドで負荷をかけた状態で、ジャンプ技での回転軸を細くするために腕を素早く体へ寄せる動きを練習する。振り回さないように注意すること。また、腕は演技面においても欠かせない部位。しなやかな指先の形を覚えて表現の幅を広げ、ボールを用いた運動で腕のひねりを学び、可動域を広げる。

効くツボ
1. 腕引きで細い回転軸を作る
2. しずくが垂れる指先の動き
3. ボールで腕のひねりを磨く

美しさを支える陸上トレーニング

効くツボ 1

腕を最短距離で体に寄せて細い回転軸を作る

2本のゴムバンドを用意し、それぞれ両サイドに固定し、水平に伸ばした手でつかむ。ジャンプ技における空中での回転をイメージし、体を左回りに反転させる。ゴムをつかんだ手を振り回してしまうと回転軸が太くなるので、弧を描くのでなく、最短距離で胸の前へ持って来る。

効くツボ 2

腕の力を抜いて、しずくが垂れるように指先を動かす

表現力を向上するための、指の運動。親の背中で眠った赤子が脱力するように腕の力を抜き、中指だけをしずくが垂れるように下げて、指をほっそりと見せる。スパイラルなどで腕を上下動させるときに用いる。ただし、動かすときは肩から動かさずにヒジから動かすように注意する。

効くツボ 3

手のひらにボールを乗せて腕をひねる

腕をひねる運動。足をそろえ直立し、水平に伸ばした腕の片方にボールを乗せる。斜め前方へ下げながらワキ腹へボールを持って来る。手のひらを内回りに1周させ、ヒジを伸ばして腕を上げ、大きく弧を描いて元の位置へ戻る。胴体を柔軟に使うトレーニングにもなる。

やってみよう
両手にボールを乗せる

水平に伸ばした両手にボールを乗せ、片方を上から、もう片方を下から回す。上体を大きく使い、背中を前後に蛇動させるが、体に力を入れないことがポイントとなる。

できないときはここをチェック ☑

指先や手の蛇動は、お風呂など水の中でハッキリと抵抗を受けると、分かりやすい。波が立たないように手を動かしてみよう。

ポイント No.49 ▶ ヒザの運動
ヒザの可動域を広げて伸ばし方や上げ方を身につける

> **コレができる** ヒザの柔らかい使い方・美しい見せ方を陸上トレーニングで補強する

ヒザの柔軟性を高めて美しいフリーレッグを作る

　スケーターの命ともいうべきヒザの強化トレーニング。スケーティングでの屈伸やジャンプの踏み切りを想定し、ヒザを**柔らかく使う感覚**を覚える。また、日本人は特に正座などで座る習慣から、ヒザが内側へ入りやすいため、**ヒザ裏をしっかりと伸ばして**可動域を広げ、美しいフリーレッグを作る。そのほか、スパイラルなどで姿勢を維持するため、股関節を開いて足を上げた状態でヒザを固定し、全身のバランス感覚を磨く。

効くツボ
1. カカトを浮かせて屈伸
2. ヒザの裏を伸ばす
3. 外に傾けた姿勢を保持

116

美しさを支える陸上トレーニング

効くツボ 1

カカトを浮かす屈伸でヒザを柔らかく使う

スケーティングやジャンプでヒザを柔らかく使うための運動。直立した状態から、ヒザを曲げ伸ばしする。上体は動かさない。カカトは浮かすが、つま先は床から離さない。体重移動を感じながら、勢いをつけず、雲の上に乗っているイメージで、ヒザと足首を柔らかく使ってはずむ。

効くツボ 2

内側からカカトを持ってヒザを伸ばす

ヒザを伸ばす運動。床に座って脚を伸ばした状態から、片足を上げ、同じサイドの手を内側から回してカカトを持ち、足を引き上げてヒザを伸ばす。ヒザの裏側を伸ばすことで、可動域が広がる。このとき、足の甲も伸ばし、つま先が上方、甲を真横よりやや外側に向けて姿勢を保つ。

効くツボ 3

ヒザを高く上げた状態を、手で支えてキープする

直立した状態から片足を後方へ伸ばして上げる。同じサイドの手で外側からヒザを持って、姿勢をキープする。スパイラルなどで足を高く上げる動作をイメージする。バランスを失いやすいので、壁や手すりの補助を用いてもよい。足の甲が外を向き、つま先が上方を向いた状態を保つ。

やってみよう
台から音を立てずに着地

カカトを浮かせる屈伸を応用し、ヒザ丈ほどの高さから前方の床へ両足で着地する。着地後も力を入れることなく、終始ヒザを柔らかく使い、音を立てない着地を目指す。

できないときはここをチェック ☑

腰の力を抜き、後方へ伸ばして上げた足をさらに高く上がるように補助してもらう。まずは、スパイラルの姿勢を取ることが大切。

ポイント No. **50** ▶ バレエレッスン

立っているだけで美しい
バレエのポジションを身につける

コレができる 氷に立つ前から氷を離れるまで、常に美しい立ち姿をキープする

氷に立つ前から、氷を離れるまで美しい姿勢を見せられる

　フィギュアスケートのさまざまな姿勢は、バレエのポジションにたとえられることが多い。立ち姿を美しく見せ、上体の動きで表現を行うなど共通する部分が多く、双方を兼ねて練習することが望ましい。ここでは、基礎練習にあたる、プリエ、タンデュ、ルルベの3つのポジションを紹介。**立っているだけ**でいかに美しい姿勢を見せられるかが重要。何度も繰り返してチェックし、**自然と美しい姿勢**を取れるようにする。

 効くツボ
1. ヒザを曲げるプリエ
2. 前後へ伸ばすタンデュ
3. 両手を上げるルルベ

美しさを支える陸上トレーニング

効くツボ 1

つま先立ちで
ヒザを曲げるプリエ

直立した状態から、両足を逆「ハ」の字に向ける（写真左）。ドゥミプリエ（写真中）は、カカトを上げずにアキレス腱が伸びるまでヒザを曲げる。グランプリエ（写真右）は、ゆっくりとヒザを曲げて腰を落とし、カカトを上げる。背筋を伸ばしたまま、2つのプリエを繰り返す。

効くツボ 2

フリーレッグを
前後に動かすタンデュ

直立姿勢で片足を床から離し、前方、側方、後方と置き換えていく。バーなどにつかまって行うと良い。フリーレッグ（動かす足）は足の甲を伸ばし、できるだけ長く見せる。また、位置を換えるときも、上体は背筋を伸ばしたまま行う。腰から上は常に動かさないように気を付ける。

効くツボ 3

カカトを高く浮かせて
両手を上げるルルベ

直立姿勢から両足のカカトを浮かせる。はじめはバーや壁、手すりを支えにしてもよい。両足の甲を伸ばし、体全体を縦に細長く見せる。バランスを保ったら、片手を上げ、もう片方の手もゆっくりと優雅に上げる。背筋を伸ばし、前方を見据える上体がぶれないように注意する。

やってみよう
他のバレエポジションに挑戦

バレエの「アラベスク」のポジションは、一般的なスパイラルの姿勢に似ている。体の形だけでなく、ポジションを作るときの柔らかな動きも合わせて身につける。

できないときはここをチェック ☑

壁やバーなどを支えにし、真横や斜め前方から姿勢をチェックしてもらう。どの動作でバランスを崩すのか確認し、反復練習で克服しよう。

魅せるフィギュアスケート 上達のポイント50

ジュニアで差がつく!

すべての項目の「ポイント」を一覧にしてみました。ここに大事なテクニックが凝縮されています。
ひととおり読み終えたら、リンク場やトレーニング室へ、
切り取って持って行き、内容を実際に確認してみてください。

PART1 スケーティングとステップ、ターンを磨く

ポイントNo. 01 フォア滑走		
曲げた後ろ足の一押しで 美しい姿勢を保つ P12	ツボ1	両ヒザを曲げる
	ツボ2	ヒザを外に向け45度
	ツボ3	背筋を締めて顔を上げる

ポイントNo. 02 バック滑走		
イスに腰掛けるように ヒザを曲げてスピードを出す P14	ツボ1	重心は土踏まずの少し前
	ツボ2	腰の位置をキープする
	ツボ3	脚を伸ばして氷から離す

ポイントNo. 03 フォア&バック滑走		
フォアとバックの切り返しで リンク全面を滑走する P16	ツボ1	リンク全体を滑走する
	ツボ2	ステップを組み込む
	ツボ3	滑走足側の腕を上げる

ポイントNo. 04 ダンスストップ		
上体のコントロールで 急激なストップを可能にする P18	ツボ1	重心を前足に移行する
	ツボ2	腕で胴体の回転を止める
	ツボ3	ヒザの間隔を詰める

ポイントNo. 05 スイングロール		
片脚をスイングさせて カーブを描く P20	ツボ1	反動をつけない
	ツボ2	つま先を外へ向ける
	ツボ3	前後の振り幅を均等に保つ

ポイントNo. 06 スリーターン		
氷上に真っ直ぐ立って 土踏まずの前方で氷を押す P22	ツボ1	氷上に片足で直立する
	ツボ2	上半身はしっかりと固定
	ツボ3	腰から下をひねってターン

ポイントNo. 07 ダブルスリー		
上半身は固定させて 下半身はダブル3ターン P24	ツボ1	3等分区間で2回ターン
	ツボ2	両腕を半円上にキープ
	ツボ3	非滑走足を滑走足につける

ポイントNo. 08 ピボット		
お腹の筋肉を締める コンパスの動き P26	ツボ1	アウトエッジを45度倒す
	ツボ2	腹筋に力を入れて後傾
	ツボ3	ゆっくりと1周が目標

ポイント No. **09** トウステップ トウを氷に突き立てながら 滑るのではなく踊る　　　P28	ツボ1	トウの上に重心を乗せる
	ツボ2	体全体を真っ直ぐに伸ばす
	ツボ3	重心を引き上げる

ポイント No. **10** チョクトウ 左右で小さなカーブを描いて イン・アウトを切り替える　　P30	ツボ1	上体を固定する
	ツボ2	両ヒザの間隔を狭める
	ツボ3	イン・アウトを強く意識

ポイント No. **11** ブラケット ひねりを生かすエッジ操作で 遠心力を必要最小限に留める　P32	ツボ1	重心は土踏まずの前方
	ツボ2	常に両脚を離さない
	ツボ3	上体のひねりを利用する

ポイント No. **12** ロッカー 腕をサークル上に残して 進行方向を変える　　　　　P34	ツボ1	屈伸でエッジミスを防ぐ
	ツボ2	両腕をサークル上に残す
	ツボ3	両脚をつけて回転軸を細く

ポイント No. **13** カウンター ヒザの屈伸で重心を操って 焦らずに180度ターンを行う　P36	ツボ1	上体を止め遠心力を抑える
	ツボ2	カーブの内側に上体を倒す
	ツボ3	前後で重心はカーブ上に

ポイント No. **14** ツイズル 腹筋に力を入れて 重心を引き上げ移動しながら回る　P38	ツボ1	ヒザを伸ばし続ける
	ツボ2	1回転毎に目標物を確認
	ツボ3	フリーレッグはヒザ横へ

ポイント No. **15** ループ（ターン） 焦らずじっくり 自然な回転でターンする　　P40	ツボ1	上体をカーブへ倒さず保つ
	ツボ2	小さい円の半分で動く
	ツボ3	引き寄せと屈伸を同時に

PART2 華麗なスパイラルで魅せる

ポイント No. **16** フォアスパイラル 帆を張るように体を反って 片脚を90度以上上げる　　P44	ツボ1	非滑走足のつま先を上げる
	ツボ2	重心をトウに乗せない
	ツボ3	上体を反る

ポイント No. **17** バックスパイラル 両腕で回転力を制御して 軌道を外さずに脚を上げる　P46	ツボ1	重心はブレードの少し前方
	ツボ2	非滑走足はライン上で移動
	ツボ3	両腕で回転を制御

ポイント No. 18 チェンジエッジのスパイラル エッジの反動を利用して スパイラルのままチェンジエッジ P48	ツボ1	上体を傾けて反動を生む
	ツボ2	上体でリードする
	ツボ3	深く倒して反動を使う

ポイント No. 19 イーグル お尻を締めてヒザを伸ばして 体を一直線に傾ける P50	ツボ1	カカトに重心を乗せる
	ツボ2	エッジと上体を一緒に倒す
	ツボ3	臀筋を締めてヒザを伸ばす

ポイント No. 20 イナバウアー ヒザの間隔を平行に保って 中間地点に重心を置く P52	ツボ1	横向きのヒザを平行に保つ
	ツボ2	腰ではなく胸から反る
	ツボ3	カーブは上体で先行誘導

ポイント No. 21 Y字スパイラル 上体を少し後ろに反って 足を横に高く上げる P54	ツボ1	浮き足の足首を伸ばす
	ツボ2	肩の位置を変えずに保つ
	ツボ3	足を上げたら重心移動

ポイント No. 22 ビールマンスパイラル 腕・足を伸ばして 頭より高い位置まで足を上げる P56	ツボ1	腰の上に頭を持って来る
	ツボ2	滑走足のヒザを伸ばす
	ツボ3	横から後ろを経て上げる

PART3 多彩なスピンをマスター

ポイント No. 23 両足スピン すき間をなくして 回転軸を細くまとめる P60	ツボ1	両足のすき間を作らない
	ツボ2	回転してから腕をしまう
	ツボ3	回転する先を見て回る

ポイント No. 24 アップライトスピン ヒザの伸びと振り足を合わせ 回転速度を加速する P62	ツボ1	非滑走足の振りで加速
	ツボ2	右のわき腹で上体を保持
	ツボ3	ヒザをゆっくりと伸ばす

ポイント No. 25 スタンドスピン フリーレッグを高く上げて 強い回転力を得る P64	ツボ1	ヒザを上げながら寄せる
	ツボ2	モモを70度まで上げる
	ツボ3	上体を引き上げる

ポイント No. 26 クロスフットスピン 非滑走足のヒザをすりおろして 最後まで回転力を保つ P66	ツボ1	非滑走足で空気をつぶす
	ツボ2	上体を後ろへ引き上げる
	ツボ3	両ヒザの間隔を詰める

ポイント No. **27**	バックスクラッチスピン	ツボ1	ワンフットでスピンに入る
フリーレッグの動きを止めて		ツボ2	回転前に非滑走足を止める
回転力をコントロールする P68		ツボ3	非滑走足を上げて回転制御（かいてんせいぎょ）

ポイント No. **28**	シットスピン	ツボ1	軸足のヒザを90度曲げる
腰を落として上体を倒し		ツボ2	頭を首の後ろから起こす
頭を上げて姿勢を維持する P70		ツボ3	浮き足（うく）は遅らせ一気に寄せる

ポイント No. **29**	キャメルスピン	ツボ1	左腕で回転を誘導する
3点の回転順序をずらし（かいてんじゅんじょ）		ツボ2	非滑走足の回転を遅らせる
ひねりを生んで回転力を上げる P72		ツボ3	半身で空気抵抗（くうきていこう）を避ける（さ）

ポイント No. **30**	レイバックスピン	ツボ1	お尻を回転軸側に締める
軸足から頭までを大きく		ツボ2	両肩は氷と平行に保つ
ダイナミックに後方へ反らす P74		ツボ3	非滑走足のヒザを高く保つ

ポイント No. **31**	足換えシットスピン（あしか）	ツボ1	腰の位置を変えない
軸足の我慢と押しで（がまん）		ツボ2	軸足は氷を押して離す（はな）
回転力を落とさずに足を換える P76		ツボ3	新しい軸足は真横の少し前

ポイント No. **32**	コンビネーションスピン	ツボ1	わき腹から引きつけシット
ヒザの屈伸と上体のひねりで		ツボ2	らせん状に立ち上げる
回転速度を変えずに姿勢を変化 P78		ツボ3	腕を前後にし、上体をひねる

PART4 難解なジャンプを攻略（こうりゃく）

ポイント No. **33**	両足ジャンプ	ツボ1	屈伸と腕の振りを合わせる
真上へ引き上げる踏み切りで		ツボ2	体を真上に引き上げる
空中で体を締める感覚を覚える P82		ツボ3	高く跳び空中で閉脚（へいきゃく）する

ポイント No. **34**	片足振り上げ跳び	ツボ1	トウで急ブレーキをかける
片足で高く跳び上がり		ツボ2	振り足を90度以上曲げる
回転後の着氷姿勢に入る P84		ツボ3	両腕は水平に伸ばして着氷

ポイント No. **35**	スリージャンプ	ツボ1	上体を半身に開いて助走
半身の姿勢で自然に半回転、		ツボ2	滑走足はハッキリと屈伸
空中姿勢を作る余裕を持つ P86		ツボ3	回転よりも空中姿勢を意識

ポイント No. 36 トウをつく反発力に頼らず 真上へ跳んでコンパクトに回転 P88	トウループ	ツボ1	トウを垂直に下ろす
		ツボ2	右肩を固定して回転開始
		ツボ3	トウをカーブ上に着氷する
ポイント No. 37 踏み切りを限界まで待って 滑走カーブ上で回転する P90	サルコウ	ツボ1	踏み切る前に上体を起こす
		ツボ2	カーブ上に体を残して跳躍
		ツボ3	着氷足を離して踏み切る
ポイント No. 38 十分なひねりで上へゆっくり 踏み切りを遅らせて回転力を増す P92	ループ（ジャンプ）	ツボ1	ヒザの屈伸はゆっくり行う
		ツボ2	非滑走足を前に組んで助走
		ツボ3	肩を回さず足下から回転
ポイント No. 39 助走を軌道から外して 遠心力に負けず踏み切り足をおく P94	フリップ	ツボ1	右足をカーブの外へ外す
		ツボ2	左足の引きつけを待つ
		ツボ3	左足を引きつけて軸を細く
ポイント No. 40 トウが離氷するのを待って 確実にアウトエッジで踏み切る P96	ルッツ	ツボ1	ヒザをゆっくりダウン
		ツボ2	トウが氷を離れてから回転
		ツボ3	ステップで助走を短く
ポイント No. 41 前方へ足を振り出して 体を巻きつけて回転する P98	アクセル	ツボ1	踏み切り足をカーブの外へ
		ツボ2	モモを上げて引きつける
		ツボ3	右腕に体を引きつける
ポイント No. 42 一呼吸ついて焦らず待って トウループ、ループへつなげる P100	コンビネーションジャンプ	ツボ1	早めに着氷体勢に入る
		ツボ2	非滑走足で回転力を生かす
		ツボ3	焦らずにタイミングを待つ

PART5 美しさを支える陸上トレーニング

ポイント No. 43 ブリッジの姿勢で 肩・腰・ヒザの柔軟性を鍛える P104	ブリッジ	ツボ1	手と足の間隔を近づける
		ツボ2	片足を高く上げる
		ツボ3	寝た状態から起き上がる
ポイント No. 44 腰の力を抜いた前後開脚で 股関節の可動域を広げる P106	前後開脚	ツボ1	腰の力を抜き上体を起こす
		ツボ2	180度以上の開脚練習
		ツボ3	上体を前後に反らす

ポイントNo. 45 上体を締めた空中姿勢を取り ジャンプの回転を想定して跳ぶ　P108	縄跳びと跳躍	ツボ1	空中姿勢を長い間隔で取る
		ツボ2	左足を交差して回転を意識
		ツボ3	その場跳びで回転練習
ポイントNo. 46 ゴムバンドとイスを使って 足先や脚の引き上げ動作を強化　P110	足周りの強化	ツボ1	腰掛けて足の甲を伸ばす
		ツボ2	抵抗を作ってモモ上げ
		ツボ3	ゴムバンドで足首を強化
ポイントNo. 47 筋肉の弛緩のギャップを作る 上体のうねり、ひねり、締め　P112	上体の運動	ツボ1	背骨をS字に動かす蛇動
		ツボ2	体を締める「地蔵起こし」
		ツボ3	上半身のひねりの運動
ポイントNo. 48 腕の可動域と胴体動作を磨き 優雅でしなやかな動きを覚える　P114	腕・指の運動	ツボ1	腕引きで細い回転軸を作る
		ツボ2	しずくが垂れる指先の動き
		ツボ3	ボールで腕のひねりを磨く
ポイントNo. 49 ヒザの可動域を広げて 伸ばし方や上げ方を身につける　P116	ヒザの運動	ツボ1	カカトを浮かせて屈伸
		ツボ2	ヒザの裏を伸ばす
		ツボ3	外に傾けた姿勢を保持
ポイントNo. 50 立っているだけで美しい バレエのポジションを身につける　P118	バレエレッスン	ツボ1	ヒザを曲げるプリエ
		ツボ2	前後へ伸ばすタンデュ
		ツボ3	両手を上げるルルベ

東京女子体育大学
シンクロナイズド競技
スケート部の演技

東京女子体育大学
シンクロナイズド競技スケート部

アジアで最も歴史の古いシンクロナイズド・スケーティングチーム。東京女子体育大学の部活動として発足したが、1999年からは中学生から社会人までを対象としたクラブとして同大学を拠点に活動している。全日本選手権を12連覇（前身の全日本プレジション選手権を含む）、日本代表として2000年から開催された世界シンクロナイズドスケーティング選手権大会に連続出場している。

ビッグボックス東大和 （東大和スケートセンター）

西武拝島線「東大和市」駅すぐ目の前。アイスホッケーの公式戦会場として使用されている本格的なリンク。一般開放もされており、だれでも気軽にスケートを楽しむことができる。

〒207-0022　東京都東大和市桜が丘1-1330-19　　TEL　042-566-6411
http://www.seibu-group.co.jp/rec/bigbox/yamato/index.html

監修

東京女子体育大学　元教授
大森 芙美(おおもり ふみ)

東京都出身。東京女子体育大学卒業。現在は同大学で競技スケート部コーチを務める。フィギュアスケートの普及に尽力。多くの部員が試合に出場できる方法を模索する中、専門誌でシンクロ競技大会の存在を知り、ルールブックを翻訳。1987 年に米国ニューヨーク州レイクプラシッドで開催された国際大会に 28 名の学生を参加させ、日本におけるシンクロ競技の礎を築いた。

モデル

※写真右より、石垣知美さん、監修者の大森芙美先生、吉田あか里さん

吉田 あか里 (よしだ あかり)
北海道出身。3 歳からフィギュアスケートを始める。シングルで高校総体 8 位入賞。大学からシンクロ競技を専門とし、世界選手権出場を果たす。

石垣 知美 (いしがき ともみ)
北海道出身。小学 1 年からフィギュアスケートを始める。大学ではシンクロ競技に専念し、世界選手権に 3 度出場。得意技はアクセルジャンプ。

STAFF

監修
大森芙美(東京女子体育大学 元教授)

取材・執筆
平野貴也

撮影
浅倉恵子

デザイン
沖増岳二

編集
ナイスク(http://naisg.com/)
松尾里央 岸 正章 所 貴美子 山本文隆

協力
東京女子体育大学 シンクロナイズド競技スケート部
ビッグボックス東大和 東大和スケートセンター

ジュニアで差がつく!
魅せるフィギュアスケート 上達のポイント50

2019年10月15日 第1版・第1刷発行

監修者	大森 芙美(おおもり ふみ)
発行者	メイツ出版株式会社
	代表者 三渡 治
	〒102-0093東京都千代田区平河町一丁目1-8
	TEL:03-5276-3050(編集・営業)
	03-5276-3052(注文専用)
	FAX:03-5276-3105
印刷	株式会社厚徳社

●本書の一部、あるいは全部を無断でコピーすることは、法律で認められた場合を除き、
　著作権の侵害となりますので禁止します。
●定価はカバーに表示してあります。
©ナイスク,2008,2019.ISBN978-4-7804-2247-4 C2075 Printed in Japan.

ご意見・ご感想はホームページから承っております。
メイツ出版ホームページアドレス http://www.mates-publishing.co.jp/

編集長:折居かおる 副編集長:堀明研斗 企画担当:堀明研斗

※本書は2008年発行の『華麗に舞う! 魅せるフィギュアスケート 50のポイント』を元に加筆・修正を行っています。